歴史文化ライブラリー
585

雪と暮らす古代の人々

相澤 央

吉川弘文館

目　次

雪国を体験した二人の都人——プロローグ

1 雪国を体験した二人の都人

雪への思い

今年も雪の降る季節が来た。雪に対する思い、受け止め方は、むろん人それぞれであろうが、その人が日常的に暮らしている地域によって大きく異なるのではないだろうか。太平洋側など、雪があまり降らない地域に暮らしている人々は、雪による交通機関の乱れや路面状況の悪化に多少の不安を抱きつつも、どこか心躍るようなうれしい気持ちがあるのではなかろうか。一方、毎年多くの雪が降る日本海側の地域に暮らす人々の雪に対する思い、受け止め方はまるで異なるであろう（子どもはまた別である）。「またこの季節が来たか」と、これから始まる雪との生活を思い、重苦しさのようなものを感じるのではなかろうか。このような雪に対する思い、受け止め方の違いは、それぞれの地域によって雪の降る頻度や、降り積もる雪の量（積雪深《せきせつしん》）に違いがあることに大きな原因があることは言うまでもない。そうであれば、地域による雪への思い、受け止め方の違いは現在に限ったことではなく、過去に生きた人々にも共通することであっただろう。

江戸時代後期、越後塩沢《えちごしおざわ》（新潟県南魚沼《みなみうおぬま》市）に生まれた鈴木牧之《ぼくし》は、ベストセラーとなった著書『北越雪譜《ほくえつせっぷ》』（天保《てんぽう》八〈一八三七〉年初編刊行）で次のように記している。

暖国《だんこく》の雪一尺以下ならば山川村里《さんせんそんり》立地《たちどころ》に銀世界をなし、雪の飄々《ひょうひょう》翩々《へんぺん》たるを観《み》て花に論《たと》へ玉に比べ、勝望美景《しょうぼうびけい》を愛し、酒食音律《しゅしょくおんりつ》の楽《たのしみ》を添へ、画《え》に写し詞《ことば》につらねて称翫《しょうがん》するは和漢古今の通例なれども、是《これ》雪の浅き国の楽《たのし》み也。我《わが》越後のごとく年毎《としごと》に幾丈《いくじょう》の雪を視《み》ば何の楽き事かあらむ。雪の為に力を尽し財を費《ついや》し千辛万苦《せんしんばんく》する事、下に説く所を視ておもひはかるべし。

（『北越雪譜』「雪の深浅」）

雪が一尺（約三〇センチ）以下しか積もらないような暖国に暮らす人々は、雪を花にたとえたり、玉と比べたりして、飲食や音楽を楽しみながら雪景色を愛で、絵に描いたり歌にしたりするが、これは雪の浅い暖国の人々の楽しみである。越後のように毎年幾丈（一丈は約三メートル）も積もる雪を見れば何の楽しいことがあろうか。雪のために労力を尽くし、財産を費やし、千辛万苦することは、この後に記すことをみて想像してみるべきであるとして、以下、雪とともに暮らす越後の人々の生活や習慣、雪によってもたらされた災害、雪にまつわるさまざまな出来事などについて詳細に記していく。

さらに時代をさかのぼって、本書が主な対象とする古代（奈良・平安時代）の人々の雪への思い、受け止め方はどのようなものであったろうか。残念ながら、古代においては、鈴木牧之のように日常的に豪雪地帯に暮らした人々の雪への思いを知ることはできない。そこで、豪雪地帯北陸の雪を体験した二人の都人の雪への思い、受け止め方をみてみよう。

大伴家持と越中の雪

一人目は、日本最古の歌集『万葉集《まんようしゅう》』の編者とされる大伴家持《やかもち》である。家持は天平《てんぴょう》十八（七四六）年に越中《えっちゅう》国（現在の富山県）の守《かみ》（地方の行政官である国司の長官）に任じられ、赴任した。

赴任から五年近く経過した天平勝宝《しょうほう》三（七五一）年正月二日、越中の国府（比定地は富山県高岡市伏木。国府は国ごとに置かれた行政府）は積雪四尺（約一二〇チセン）にもおよぶ大雪となった。この日、家持の館《たち》では国司たちが集まり宴会が開かれ、家持は、「新しき年の初めはいや年に雪踏み平《なら》し常かくにもが（新しい年の初めは、これからも毎年、雪を踏みならしてこうしてあつまりたいものだね）」（『万葉集』巻十九―四二二九）という歌を詠んだ。

図１　「越中国守館址」の石碑
（富山県高岡市伏木）

国司たちは四尺もの積雪を踏みならしながら家持の館に集まったのである。

　翌三日、今度は介《すけ》（国司の次官）の内蔵忌寸縄麻呂《くらのいみきなわまろ》の館に国司たちが集まって宴会を開いた。家持は「降る雪を腰になづみて参り来《こ》し験《しるし》もあるか年の初めに（降り積もった雪に腰まで埋もれて難儀して参上した甲斐がありましたね、年の初めに）」（『万葉集』巻十九—四二三〇）という歌を詠んだ。家持は腰まで雪に埋もれて苦労しながら、何とかして介の館に到達したのである。

　家持はこの越中の雪をどのように感じ、どのように思ったのであろうか。この日、家持は宴会に参加するために介の館へ行ったのであり、宴会では、岩山に模した雪山が作られたりして楽しんでいるが、同時に、「腰になづみて」という言葉からは、四尺も積もって、介の館へ行くのを妨げる雪に対して、「うっとうしさ」「煩わしさ」のようなものも感じたことがうかがえる。しかし、雪に対するこのような思いは、越中守となり、四尺もの積雪に悩まされるという、家持の特別な体験によるのであり、都人家持の雪に対する本来的な思いは異なるようである。

家持が越中で大雪の体験をしてから二年後の天平勝宝五（七五三）年の正月十一日、平城京《へいじょうきょう》は大雪となり一尺二寸（約三六チセン）の積雪を記録した。家持は「大宮の内にも外《と》にもめづらしく降れる大雪な踏みそね惜し（大宮の内にも外にも、めずらしく降った大雪だ。踏んではいけないよ、惜しいから）」（『万葉集』巻十九―四二八五）と詠んだ。平城京での一尺二寸の積雪を、家持は珍しいこと（「めづらしく降れる大雪」）とし、そのような雪を踏むのは惜しいとする（「な踏みそね惜し」）。家持は、平城京では滅多に降らない雪を「惜しいもの」「もったいないもの」と思っているのである。雪に対するこのような思い、感じ方が、都人大伴家持の本来的な雪への思い、受け止め方であろう。雪を「惜しいもの」とする思いは、家持に限ったことではなく、『万葉集』のほかの歌にもうかがえる（巻二―二九九、巻八―一六四六、巻十九―四二二七・四二二八など）。また、都人が雪を豊年の瑞祥《ずいしょう》、吉兆《きっちょう》と考えていたことも『万葉集』の歌からうかがえる（巻十七―三九二五など）。

紫式部と越前の雪

二人目は、平安時代中期の長編物語『源氏物語《げんじものがたり》』の著者紫式部《むらさきしきぶ》である。紫式部は越前国《えちぜんのくに》（現在の福井県）の守に任用された父藤原為時《ためとき》とともに、長徳《ちょうとく》二（九九六）年の夏に越前国へ下向した。二十歳代前半になっていた紫式部は、この時に越前の豪雪を体験したのである（清水好子『紫式部』）。

この年の冬、暦に「初雪降る」と書いた日に、紫式部は近くの日野岳（日野山）に雪が多く積もっているのを見て、「こゝにかくひのゝ杉むらうづむゆき小塩《おしお》の松にけふやまがへる（ここでこのように、日野山の杉林を埋めている雪は、都で見ていた小塩山の松に、今日どうして見間違えることがありましょうか）」（『紫式部集』二五）と詠んだ。紫式部は越前の国府（比定地は福井県越前市）近くの日野山の杉林が雪に埋もれているのを見て、故郷の小塩山の松に降り積もる雪との違いを実感したのである。この紫式部の歌に対して、侍女が、「小塩山松のうは葉にけふやさはみねのうすゆき花と見ゆらむ（小塩山の松の上葉にも今日は薄雪《うすゆき》が積もって花のように見えていることでしょう）」（『紫式部集』二六）と返しの歌を詠んだ。日野山では杉林が埋もれるほどの雪であるのに対して、小塩山に降る雪は花のように見える薄雪（薄く降り積もった雪）だという。紫式部は、故郷の平安京《へいあんきょう》とはまったく異なる雪景色を見たのである。

国府の守の館では、煩わしいほどに積もった雪を搔《か》き集めて雪山が作られた。

ふりつみて、いとむつかしきゆきを、かきすてゝ、山のやうにしなしたるに、人々

のぼりて、「なを、これ、いで、みたまへ」といへば
ふるさとに帰るやまぢのそれならばこゝろやゆくとゆきもみてまし
（『紫式部集』二七）

紫式部は侍女から「部屋から出てきて御覧になってください」と誘われたが、「都へ帰る山路の雪山（都へ帰る途次にある帰山《かえるやま》をかけている）ならば、気も晴れるかと、行って見もしましょうが……」とそっけなく答え、館の庭に作られた雪山には見向きもしない。のちに詳しく述べるが、雪山作りは平安京に暮らす貴族たちの雪の日の楽しみの一つであった。しかし、平安京を懐かしむ紫式部にとって、杉林を埋めるほどに積もった越前の雪は、詞書《ことばがき》に「いとむつかしき雪」とあるように「煩わしいもの」「うっとうしいもの」であった。そして、その雪で作られた雪山も、かつて平安京で見た雪山とは異なる感情を紫式部に懐《いだ》かせたのであろう。

長徳三（九九七）年か四年に、紫式部は越前を離れて帰京した。帰京の道すがらの琵琶湖で、近江国《おうみのくに》（現在の滋賀県）の伊吹山《いぶき》の雪がとても白く見えた。紫式部は、「名にたかき越《こし》の白山《はくさん》ゆきなれていぶきのたけをなにとこそみね」（『紫式部集』八一）と詠み、「越の白山の雪を見慣れた自分からすれば、伊吹山の雪を見ても何とも思わないけれど……」と、

雪に対する感激が薄れた様子がうかがえる。白山（石川・岐阜県境の山）は、平安前期の歌人凡河内躬恒《おおしこうちのみつね》が「消えはつる時しなければこし路なるしら山の名は雪にぞありける（すっかり消えてしまう時などないので、越路にある白山という名は、なるほど白雪に付けた名であったのだなあ）」（『古今和歌集』巻九―四一四）と詠んだように、都人に「越の白山と言えば深い雪」とイメージされた山である。紫式部の越前での暮らしはわずか一、二年ほどだったが、そこでの豪雪の体験は、若き日の紫式部にとって特別なものだったであろう。

古代の雪の生活を探る

本書では、おもに古代（奈良・平安時代）における雪と人々とのさまざまなかかわりについて見ていく。

「雪はどれくらい降ったのか」では、平安時代の貴族が記した日記（古記録）を主な史料として、平安京ではどれくらいの頻度で、どれくらいの雪が、どのようにして降ったのかを考える。また、雪はどれくらい積もったのであろうか。なお、本章は拙稿「古記録にみる平安京の雪」をもとにしている。

「都人の儀式と雪」では、平安京で行われた儀式と雪との関係を見ていく。平安時代の政治は、儀式という形態をとって執行された（土田直鎮「平安時代の政務と儀式」）。儀式の中には屋外で行われるものも多くあり、降雪や積雪の影響を受けた。貴族たちはどのような対応をとったのであろうか。また、摂関期には、降雪が直接関係する儀式として初雪見《はつゆきげん》参《ざん》という儀式が行われた。どのような儀式で、どのような意味を持つものだったのだろうか。

「都人の雪の遊興」では、平安京に暮らす貴族たちの雪の楽しみについて見ていく。雪が降ると、貴族たちは競って雪山を作ったり、雪見をしたりした。それぞれ具体的な事例を見ていこう。また、そのほかの雪にまつわるあれこれについても紹介したい。

「雪がもたらした被害と対策」では、雪がもたらしたさまざまな被害と、それへの対応・対策について見ていく。多様な防寒策や機械除雪などが発達した現在でも、大雪によるさまざまな影響を受ける。古代においては、その影響・被害はなおさらのことと考えられるが、どうだったのであろうか。なお、本章の一部は拙稿「古代日本の雪」をもとにしている。

「雪国の民衆の暮らし」では、古代の雪国に暮らした民衆の生活について考える。しかし、史料はほとんどない。時代が大きく隔たる史料だが、参考として、冒頭で引用した鈴木牧之の『北越雪譜』の助けも借りて、考えを巡らせてみることにしよう。

なお、本書では月日の記載は原則的に旧暦（太陰暦《たいいんれき》）で記す。現在の暦（太陽暦、グレゴリオ暦）との差異はその年ごとに異なり一定しないが、ごく大雑把に、現在の暦よりも約一ヵ月遅い（例えば、旧暦の正月は現在の二月くらい）と考えてお読みいただきたい。また、必要に応じてグレゴリオ暦による月日も記したが、新・旧暦の対象は、加唐興三郎編『日本陰陽暦日対照表』上・下巻（ニットー、一九九二・九三年）に拠った。

雪はどれくらい降ったのか

古気候学による古代の気候

古代の日本では、どれくらいの頻度で、どのくらいの雪が、どのようにして降ったのであろうか。つまり、古代における雪の諸状況（雪環境）はどのようなものだったのであろうか。本章では、雪と人々のかかわりを見ていくに先立って、古代の日本における雪の諸状況について見ていく。

温暖だった奈良・平安時代

まずは、全般的な古代の気候について、古気候学の研究によりながら見ていきたい。これまでの古気候学の研究によると、古墳時代（三～六世紀）の気候は寒冷で、それが奈良時代頃には温暖になり、その後、十二・十三世紀頃までは、欧米で「中世温暖期」あるいは「気候小快適期」とよばれる時代に対応する温暖な気候が続くとされてきた（阪口豊

『尾瀬ヶ原の自然史』）。

近年の研究によると、古墳時代の五・六世紀は湿潤・冷涼の極値で、それが六世紀以降に乾燥傾向に転じ、平安時代前期の九・十世紀に乾燥・温暖の極値を迎えたとされる。そして十一世紀以降は、さまざまな短・中期的な変動を繰り返しながらも、長期的には中世末期の十五・十六世紀へ向けて一貫して湿潤・冷涼な気候へ向かっていくが、十二世紀前半まではゆっくりと湿潤化していったのに対して、十二世紀後半以降は数十年周期での激しい変動が、十三・十四世紀をピークとしながら十六世紀まで続いたという（中塚武「先史・古代における気候変動の概観」、同「中世における気候変動の概観」）。この気候復原の研究は、おもに夏季の気候を対象としたものであり、冬季を含む夏以外の季節については今後の課題だという。

冬の気候

古代の冬季の気候に関しては、先駆的な研究として、山本武夫氏による降雪率を用いた分析がある（山本武夫「古い温度計の話」）。降雪率とは、冬季における全降水日数（降雨日数＋降雪日数）に占める降雪日数の割合のことで、降雪率が高いと寒く、降雪率が低いと暖かいことを示す。山本氏は、各時代の古記録《こきろく》（貴族などの日記）の記載から降雪率を求め、十五世紀前半（室町時代中期）の『看聞御記《かんもんぎょき》』の降雪率〇・四三二に対して、平安時代の古記録（『小右記《しょうゆうき》』『御堂関白記《みどうかんぱくき》』『後二条師通記《ごにじょうもろみちき》』『中右記《ちゅうゆうき》』『殿暦《でんりやく》』『玉葉《ぎょくよう》』）の降雪率は〇・二三二であり、平安時代の降雪率は低く、全体的に温暖な時期であったとする。近年は田上善夫氏が、十一世紀から十六世紀の期間における降雪率の変化を分析し、期間の初期には二五％ほどだった降雪率が、期間の末期には五〇％ほどと、ほぼ二倍に増加しており、気温が大きく低下したとみられることを指摘している。とくに一〇九〇年代、一一六〇年代、一二六〇年代、一三三〇年代、一三八〇年代、一四六〇年代に大きな気温の低下があったという（田上善夫「一一〜一六世紀の日本の気候変動の復元」）。

春先の気候に関しては、宮中で催された観桜宴《かんおうえん》の開催日（桜の満開日と推定）に注目した山本氏の研究がある（山本武夫「歴史時代の気候の模索」）。それによると、九・十世紀（平安時代前期）の観桜宴開催の平均日が四月十日（グレゴリオ暦）であるのに対して、十五世紀後半から十六世紀前半（戦国時代）の平均日は四月十七日（グレゴリオ暦）であり、平安時代前期は戦国時代よりも暖かかったという。

これらの古気候学の研究によると、古代（奈良・平安時代）の冬は、当然、その年その年の変動はあったであろうが、全体としては温暖な気候だったようである。それでは、古代における雪の状況はどのようなものであったろうか。以下、古記録から古代における雪の諸状況を見ていこう。

古記録からみた平安京の雪

古記録と雪

奈良時代にも当然雪は降った。『万葉集』には雪を詠み込んだ歌が多く収録されている。しかし、それらの歌のうち、前述した大伴家持の歌のように、詠まれた年月日が特定できるものはわずかであり、ほとんどの歌はいつ詠まれたものなのかわからない。また、古代の政府が編纂《へんさん》した歴史書である『続日本紀《しょくにほんぎ》』にも雪に関する記述があり、東北における蝦夷《えみし》との戦いで雪の影響を受けていたことがわかるが（『続日本紀』天平九〈七三七〉年四月戊午条、宝亀《ほうき》十一〈七八〇〉年二月丁酉条など）、それらは断片的な史料で、奈良時代にどれくらいの頻度で、どのくらいの量の雪が降ったのかといったことを明らかにするのは難しい。

それに対して、平安時代の十世紀以降になると、史料として、天皇や皇族、貴族たちが記した日記（古記録）が残されるようになる。日記には、晴、雨、雪など、その日その日の天候に関する記述もみられる。そのため、シーズン（基本的に十月から翌年三月までの雪の降る期間のことを、以下シーズンと呼称する）ごとの降雪日数や、月ごとの降雪日数がわかる。また、日記には降り積もった雪の深さ（積雪深《せきせつしん》）についての記述や、「風に吹かれて舞い散るように降った」とか、「雨に混じって降った」といったような雪の降り方についての記述もあったりする。むろん、平安時代の天皇や皇族、貴族たちが記した日記なので、そこからわかることは平安京での話に限られるが、古記録は雪の降り方、積もり方が具体的に、また継続的にわかる貴重な史料である。以下では、仁和《にんな》三〜四（八八七〜八八八）年のシーズンから元暦《げんりゃく》元〜二（一一八四〜八五）年のシーズンを対象期間として、古記録の記載から平安京における雪について、具体的な事例をあげながらみていきたい（拙稿「古記録にみる平安京の雪」）。

シーズンごとの降雪日数

表1は、古記録から、シーズンごとの降雪日（雪が降ったことが確認される日）をカウントした結果である。降雪日が確認されたシーズンは、延喜《えんぎ》六〜七（九〇六〜九〇七）年から元暦元〜文治《ぶんじ》元（一一八四〜八五）

表1　古記録にみるシーズンごとの降雪日数
降雪が確認されなかったシーズンを省略している点に注意を要する.

シーズン		日数	シーズン		日数
和暦	西暦		和暦	西暦	
延喜6～7	906～907	2	長保5～寛弘元	1003～1004	8
延喜7～8	907～908	2	寛弘元～2	1004～1005	8
延喜12～13	912～913	1	寛弘2～3	1005～1006	5
延喜13～14	913～914	1	寛弘3～4	1006～1007	3
延喜20～21	920～921	1	寛弘4～5	1007～1008	2
延長元～2	923～924	2	寛弘6～7	1009～1010	2
延長2～3	924～925	2	寛弘7～8	1010～1011	1
延長8～承平元	930～931	5	寛弘8～長和元	1011～1012	3
承平元～2	931～932	1	長和元～2	1012～1013	8
天慶5～6	942～943	2	長和2～3	1013～1014	4
天慶6～7	943～944	1	長和3～4	1014～1015	1
天慶8～9	945～946	1	長和4～5	1015～1016	2
天暦元～2	947～948	1	長和5～寛仁元	1016～1017	4
天暦4～5	950～951	1	寛仁元～2	1017～1018	18
天暦6～7	952～953	1	寛仁2～3	1018～1019	6
天徳3～4	959～960	1	寛仁3～4	1019～1020	5
康保2～3	965～966	1	寛仁4～治安元	1020～1021	2
天禄3～天延元	972～973	1	治安2～3	1022～1023	2
天延2～3	974～975	1	治安3～万寿元	1023～1024	2
天元4～5	981～982	3	万寿元～2	1024～1025	3
永観2～寛和元	984～985	8	万寿2～3	1025～1026	4
寛和元～2	985～986	1	万寿3～4	1026～1027	2
寛和2～永延元	986～987	2	万寿4～長元元	1027～1028	3
永祚元～正暦元	989～990	2	長元元～2	1028～1029	4
正暦元～2	990～991	2	長元3～4	1030～1031	3
正暦3～4	992～993	2	長元4～5	1031～1032	3
正暦5～長徳元	994～995	1	長元7～8	1034～1035	4
長徳4～長保元	998～999	1	長元9～長暦元	1036～1037	1
長保元～2	999～1000	5	長暦元～2	1037～1038	1

シーズン 和暦	西暦	日数	シーズン 和暦	西暦	日数
長暦2～3	1038～1039	4	長治元～2	1104～1105	9
長暦3～長久元	1039～1040	2	長治2～嘉承元	1105～1106	4
長久元～2	1040～1041	5	嘉承元～2	1106～1107	7
寛徳元～2	1044～1045	1	嘉承2～天仁元	1107～1108	10
永承2～3	1047～1048	2	天仁元～2	1108～1109	10
治暦元～2	1065～1066	1	天仁2～天永元	1109～1110	3
承保元～2	1074～1075	1	天永元～2	1110～1111	8
承保2～3	1075～1076	1	天永2～3	1111～1112	7
承暦元～2	1077～1078	12	天永3～永久元	1112～1113	5
承暦4～永保元	1080～1081	5	永久元～2	1113～1114	2
永保元～2	1081～1082	6	永久2～3	1114～1115	6
永保2～3	1082～1083	1	永久3～4	1115～1116	1
永保3～応徳元	1083～1084	1	永久4～5	1116～1117	7
応徳元～2	1084～1085	5	永久5～元永元	1117～1118	1
応徳2～3	1085～1086	5	元永元～2	1118～1119	3
応徳3～寛治元	1086～1087	7	元永2～保安元	1119～1120	6
寛治元～2	1087～1088	5	天治元～2	1124～1125	1
寛治2～3	1088～1089	7	天治2～大治元	1125～1126	1
寛治3～4	1089～1090	4	大治元～2	1126～1127	2
寛治4～5	1090～1091	10	大治2～3	1127～1128	4
寛治5～6	1091～1092	16	大治3～4	1128～1129	7
寛治6～7	1092～1093	26	大治4～5	1129～1130	4
寛治7～嘉保元	1093～1094	18	大治5～6	1130～1131	10
嘉保元～2	1094～1095	7	大治6～長承元	1131～1132	4
嘉保2～永長元	1095～1096	9	長承元～2	1132～1133	13
永長元～承徳元	1096～1097	10	長承2～3	1133～1134	3
承徳元～2	1097～1098	3	長承3～保延元	1134～1135	3
承徳2～康和元	1098～1099	9	保延元～2	1135～1136	1
康和3～4	1101～1102	7	保延2～3	1136～1137	8
康和4～5	1102～1103	13	保延3～4	1137～1138	1
康和5～長治元	1103～1104	10	保延6～永治元	1140～1141	2

シーズン 和暦	西暦	日数
康治元～2	1142～1143	2
康治2～天養元	1143～1144	2
天養元～久安元	1144～1145	5
久安元～2	1145～1146	5
久安2～3	1146～1147	3
久安3～4	1147～1148	1
久安4～5	1148～1149	1
久安5～6	1149～1150	4
久安6～仁平元	1150～1151	1
仁平2～3	1152～1153	2
久寿元～2	1154～1155	4
久寿2～保元元	1155～1156	3
保元2～3	1157～1158	1
保元3～平治元	1158～1159	2
永暦元～応保元	1160～1161	3
応保元～2	1161～1162	2
仁安元～2	1166～1167	8
仁安2～3	1167～1168	9

シーズン 和暦	西暦	日数
仁安3～嘉応元	1168～1169	5
嘉応元～2	1169～1170	10
嘉応2～承安元	1170～1171	5
承安元～2	1171～1172	4
承安2～3	1172～1173	1
承安3～4	1173～1174	2
承安4～安元元	1174～1175	4
安元元～2	1175～1176	3
安元2～治承元	1176～1177	10
治承元～2	1177～1178	12
治承2～3	1178～1179	11
治承3～4	1179～1180	4
治承4～養和元	1180～1181	17
養和元～寿永元	1181～1182	2
寿永元～2	1182～1183	2
寿永2～元暦元	1183～1184	3
元暦元～文治元	1184～1185	10

表の作成に用いた古記録は以下の通り（降雪の記事が確認できなかったものも含む）．宇多天皇御記，醍醐天皇御記，貞信公記，九暦，吏部王記，村上天皇御記，親信卿記，小右記，権記，御堂関白記，左経記，土右記，春記，二東記，範国記，造興福寺記，水左記，帥記，江記，為房卿記，時範記，後二条師通記，中右記，長秋記，殿暦，永昌記，公教公記，法性寺殿記，兵範記，台記，山槐記，顕広王記，玉葉，愚昧記，吉記，明月記．なお，雪に関する記事の検索には東京大学史料編纂所の古記録フルテキストデータベース（http//wwwap.hi.u-tokyo.ac.jp/ships）を使用したほか，水越允治編『古記録による十二世紀の天候記録』（東京堂出版，2012年），同『古記録による十一世紀の天候記録』（同，2014年）も活用した．

年までの一五五シーズンであるが、古記録自体が残されていなかったり、降雪が記録されていなかったりするシーズンもある。

降雪日が確認された一五五シーズン全体での降雪日数の合計は六九八日である。つまり、単純に計算すると、一シーズンあたりの平均降雪日数は約四・五日（698÷155＝4.503……）ということになる。ここで注意しなければならないことは、古記録の記主《きしゅ》（書き手）が記録の必要を認めなければ、実際には雪が降っても記述されないということである。つまり、古記録に降雪の記述がなくても、実際には雪が降ったという場合もありうる。そのため、実際には、単純計算で求めた一シーズンあたりの平均降雪日数（約四・五日）より多くなるとみられる。このような注意が必要ではあるが、一シーズンあたりの平均降雪日数（約四・五日）を大きく上回るシーズンは、実際にも降雪日数が多かったシーズンと判断してよいだろう。

表1によると、当然、降雪日数が多いシーズンと少ないシーズンとがあるが、降雪日数が多いシーズンが連続する期間があることが読み取れる。とくに次の二つの期間は、降雪日数が多いシーズンが連続する。

一つ目は、寛治《かんじ》四～天仁《てんにん》二（一〇九〇～一一〇九）年の約二十年の期間である。降雪日数が一〇日以上のシーズンが頻発する。とくに寛治五～嘉保元《かほう》（一〇九一～九四）年にかけての三シーズンは、シーズンごとの降雪日数が、一六日、二六日、一八日と、一シーズンあたりの平均降雪日数（約四・五日）を大きく上回る。また、降雪日数が一〇日に達していないシーズンでも、嘉保二～永長《えいちょう》元（一〇九五～九六）年、承徳《じょうとく》二～康和《こうわ》元（一〇九八～九九）年、長治《ちょうじ》元～二（一一〇四～〇五）年の三シーズンが九日、嘉保元～二（一〇九四～九五）年、康和三～四（一一〇一～〇二）年、嘉承《かじょう》元～二（一一〇六～〇七）年の三シーズンが七日で、一シーズンあたりの平均降雪日数よりも多い。降雪の記録が確認できないシーズン（康和元～三年）もあるが、十一世紀末から十二世紀初頭にかけては、全体的に、降雪日数が多いシーズンが続く期間である。

二つ目は、安元《あんげん》二～養和《ようわ》元（一一七六～八一）年の期間である。降雪日数が一〇日を超えるシーズンが、五シーズンのうち四シーズンと集中している。とくに、治承《じしょう》四～養和元（一一八〇～八一）年のシーズンは降雪日数が一七日と非常に多い。安元二～養和元年は、降雪日数が多いシーズンが連続する期間である。

以上の二つの期間以外にも、長保《ちょうほ》五～寛弘《かんこう》二（一〇〇三～〇五）年、大治《だいじ》三～長承《ちょうしょう》二（一一二八～三三）年、仁安《にんあん》元～嘉応《かおう》二（一一六六～七〇）年の三つの期間も、シーズンごとの降雪日数が比較的多い期間である。また、対象期間の最後のシーズンである元暦《げんりやく》元～文治《ぶんじ》元（一一八四～八五）年は、降雪日数が一〇日で比較的多く、「およそ今年連日降雪。厳寒、例年に超ゆ」（『玉葉《ぎよくよう》』元暦元年十二月二十四日条）という記述もある。続く文治元～二年のシーズン（降雪日数一二日）、文治二～三年のシーズン（降雪日数一〇日）も降雪日数が比較的多い。元暦元～文治三年も降雪日数が多いシーズンが続く期間である。

そのシーズンだけ限定的に降雪日数が多いという場合もある。寛仁《かんにん》元～二（一〇一七～一八）年のシーズンは、降雪日数が一八日と非常に多いが、続く寛仁二～四年にかけての二シーズンは、降雪日数がそれぞれ六日と五日で、平均よりやや多い程度である。寛仁元～二年のシーズンは、このシーズンだけ限定的に降雪日数が多かったようである。また、承暦《じようりやく》元～二（一〇七七～七八）年のシーズンも降雪日数が一二日と多い。しかし、前後のシーズンにおける降雪の記録がないため、降雪日数が多いシーズンが続いたのか、このシーズンだけ限定的に降雪日数が多かったのか判断できない。

次に降雪日数が多かったシーズンをいくつか取り上げて具体的に見ていこう。

寛仁元〜二（一〇一七〜一八）年は、シーズンを通じての降雪日数が一八日と非常に多い。しかし、続く寛仁二〜四年の二シーズンの降雪日数は平均よりやや多い程度なので、このシーズンだけ限定的に降雪日数が多かったとみられる。月ごとの降雪日数は、十一月と十二月がそれぞれ一日、正月が六日、二月が九日、三月が一日で、正・二月に降雪日が集中している。二月七〜九日には三日連続で、正月十四・十五日、正月二十三・二十四日、正月三十日・二月一日には、それぞれ二日連続で雪が降った。積もった雪の量（積雪深）は、正月十五日に五寸（約一五チセン）、正月二十四日に三寸（約九チセン）、二月三日に一寸（約三チセン）が記録されている。

一メートル超えのつらら出現

藤原道長《みちなが》の日記『御堂関白記《みどうかんぱくき》』の寛仁二（一〇一八）年二月八日条には、「去る月十日ばかりより、連々《れんれん》雪降る」、同月十二日条には「正月十五より雪いまだ尽きず」とあり、源経頼《つねより》の日記『左経記《さけいき》』の寛仁二年二月十二日条には「去年より以後、連日雪ふる」と記されている。雪は正月中旬頃から二月中旬頃まで断続的に降っていたようである。寒さも厳しかったようで、道長は二月十二日の日記に、軒下の「垂氷《たるひ》」（つらら）の長さが四、五尺（一二〇〜一五〇チセン）になったと記している（『御堂関白記』）。それから二日後の、『左経記』二月十四日条には「昨今、わずかに和暖《わだん》、氷雪やうやく解く」とあり、二月中旬にはやや暖かくなったようだが、二月二十五日と三月二日にも雪が降った。道長は四月一日の日記に桜花が盛りとなったことを記すが、「年来の間、四月の時に及ぶことなし。もしくは、この二月の間、寒気盛んにして、氷雪の烈《はげ》しきによるか。この二・三月の間、牛馬多くもって斃《たお》る。京ならびに外国《げこく》、此《かく》のごとしと云々。これまた天寒《てんかん》によると云々」と、桜の満開が遅れて四月になった原因について、二・三月の厳しい寒気と激しい氷雪によるのではないかとしている。また、京内外で牛馬が多く死んだことも寒気のためとする風聞を記している。

このシーズンは年明け以降に寒気が厳しく、降雪日数も多かった。最大積雪深の記録は、正月十五日の五寸（約一五チセン）である。

最も降雪日が多いシーズン

寛治六〜七（一〇九二〜九三）年は、シーズンを通じての降雪日数は二六日で、古記録で降雪が確認された全一五五シーズンの中で最も多い。月ごとの降雪日数は、十一月が五日、十二月が七日、正月が一二日、二月が二日で、年明け前から年明け後までまんべんなく降雪が記録されている。十一月二十〜二十三日には四日連続で、十二月十二〜十四日と正月二十四〜二十六日には三日連続で雪が降った。積雪深は、十一月二十二日に四、五寸（約一二〜一五チセン）、翌二十三日に六、七寸（約一八〜二一センチ）、十二月二十四日に四、五寸、正月八日に三寸（約九センチ）が記録されている。このシーズンは、十一月から二月までまんべんなく雪が降ったが、積雪は年明け前の十一・十二月が多く、十一月二十三日の六、七寸が最大積雪深の記録である。

地方にも大きな被害

寛治七〜嘉保元（一〇九三〜九四）年は次のシーズンで、シーズンを通じての降雪日数は一八日である。月ごとでは、一〇月が一日、十一月が二日、十二月が九日、正月が四日、二月が二日で、十二・正月に降雪日が多かった。十二月二十六〜二十九日には四日連続で雪が降った。積雪深は、十一月二十五日に一寸（約三センチ）、年末の十二月二十九日には五寸（約一五センチ）が記録されているが、平安末期に成立した私撰の歴史書『扶桑略記《ふそうりやっき》』の嘉保元（一〇九四）年正月五日条に「終日大いに雪降る。深さ一尺に及ぶ。家、北山のごとし。数日銷《と》けず」とあるので、年明けには積雪が一尺（約三〇センチ）に達した。

このシーズンは地方でも大雪だったようである。藤原宗忠《むねただ》の日記『中右記《ちゅうゆうき》』の嘉保元年正月二十日条には、「台嶺《たいれい》（比叡山）の僧、来たり談《かた》りて云《いわ》く、去る十二月、この正月ころ、山上、頻りに雪ふる。積むこと四、五尺に及ぶ。僧房頗《すこぶ》る損じ、下人多く命を失ふ。老僧ら申して云く、七十余年の後、未だかくのごときことあらずと云々。美乃《みの》（美濃）・

尾張《おわり》・北陸道、すでに数丈に及ぶといへり」との伝聞を載せている。比叡山では雪が四、五尺（一二〇～一五〇センチ）も積もり、僧房の建物が倒壊して多くの下人が死んだようである。老僧らによると七十年余り、このようなことはいまだかつてなかったという。また、美濃（現在の岐阜県）や尾張（現在の愛知県）、北陸道の国々では積雪が数丈（一丈は約三メートル）に及んだという。

このシーズンは、年末年始にかけて降雪が続き、平安京では正月五日に積雪一尺を記録した。また、近江・美濃・尾張や北陸諸国でも雪が多いシーズンであった。なお、この冬には疱瘡《ほうそう》が流行し、多数の小児が死亡したという（『中右記』嘉保元年正月二十日条）。

うっすら積もる雪

治承四～養和元（一一八〇～八一）年は、シーズンを通じての降雪日数は一七日である。月ごとの降雪日数は、十二月が七日、正月が六日、二月が四日で、十二月と正月が比較的多い。十一月は降雪が記録されていない。二日連続の降雪の記録は何度かあるが、三日連続の降雪の記録はない。積雪深は、十二月八日に一寸（約三センチ）、同月十一日に二寸（約六センチ）、年が明けた正月十一日にも二寸が記録されている。このシーズンは十二月と正月に比較的降雪日数が多いが、中山忠親《なかやまただちか》の日記『山槐記《さんかいき》』の治承四（一一八〇）年十二月二十九日条に「雪、地面を隠す。寸に及ばず」

とあるように、概して積雪は少なかったようである。その一方で、越後（現在の新潟県）や信濃《しなの》（現在の長野県）では「雪深くして人馬往還に及ぶべからず」（『玉葉』治承四年十二月十二日条）という状況であった。

平安京の積雪深

大雪の基準

平安京に雪はどれくらい積もったのだろうか。古代の中国では、積雪一尺（約三〇チセン）以上が大雪の基準とされ、日本でもこの基準が受け継がれたようである（目崎徳衛「王朝の雪」）。しかし、のちに述べるように、実際に積雪が一尺以上となることはきわめて稀《まれ》であり、古記録では積雪が二寸（約六チセン）程度でも「大雪」と記されたり、あるいは客観的な数値に関係なく、四方が雪で白くなれば「大雪」と記されたりすることもある（中本和「初雪見参と大雪見参」）。ここでは貴族たちが「大雪」と記した感覚としての「大雪」ではなく、積雪一尺以上を基準とする実際の大雪についてみていきたい。

表2は、平安京で一尺以上の積雪を記録した大雪についてまとめたものである。全部で一七例あり、そのうちの九例が古記録によるものである。前述したように、古記録で確認できた降雪日数は合計六九八日である。つまり、雪が降って、それが一尺以上の積雪となる確率は約一・三％（9÷698＝0.0128……）に過ぎないということになる。むろん、積雪深（降り積もった雪の深さ）が記されていないからと言って大雪ではなかったとは言い切れない。しかし、一尺を超えるような積雪であれば大変な出来事である。日記に記載される可能性が高いのではなかろうか。そうであれば、平安京では雪が降っても、積雪深が一尺を超えるような大雪になることはきわめて稀であり、だからこそ貴族たちは周りが雪で白くなった程度でも「大雪」と認識したのであろう。

大雪の記録を月別にみてみると、十一月が五例（そのうち長久《ちょうきゅう》元〈一〇四〇〉年の二例

出典
『日本三代実録』
『扶桑略記』
『日本紀略』
『日本紀略』天慶元年12月6日条
『日本紀略』『本朝世紀』
『日本紀略』『政事要略』
『日本紀略』
〃
『御堂関白記』
『春記』
〃
『後二条師通記』
『扶桑略記』
『中右記』
『殿暦』
『愚昧記』
『兵範記』
『愚昧記』

表2　平安京における大雪

No.	年月日	積雪深	日数	備　考
1	元慶6(882)年正月1日	2尺		翌日も雪やまず.
2	寛平3(891)年12月16日	〃		2と3は同シーズンか.
3	寛平4(892)年	3尺		〃
4	天慶元(938)年12月6日	1尺	6	翌日も雪が残る.
5	天慶3(940)年12月7日	3尺		17日後も雪が残る.
6	貞元元(976)年11月4日	1尺		
7	長保2(1000)年正月9日	2尺	5	7と8は同シーズン.
8	長保2(1000)年正月10日	1尺3寸	5	〃
9	長久元(1040)年11月11日	〃	5	9と10は同シーズン. 15日後にも雪が残る.
10	長久元(1040)年11月12日	1尺□寸	5	〃
11	寛治5(1091)年12月2日	1尺	16	
12	嘉保元(1094)年正月5日	〃	18	数日とけず.
13	嘉保2(1095)年11月30日	〃	9	
14	長治元(1104)年2月3日	1尺7,8寸	10	
15	仁安2(1167)年11月15日	1尺	9	15と16は同シーズン.
16	仁安3(1168)年正月7日	〃	9	〃
17	承安2(1172)年正月24日	〃	4	

日数は古記録（天慶元年は史書）により確認される各シーズンの降雪日数.

は連続する二日なので実質的には四例）、十二月が四例、正月が六例（そのうち長保《ちょうほ》二〈一〇〇〇〉年の二例は連続する二日なので実質的には五例）、二月が一例、不明が一例となる。事例数が少ないが、十一月〜正月に比べて二月に大雪となることは少なかったようだ。

最も雪が積もった日

平安京における最大の積雪深の記録は三尺（約九〇センチ）である。寛平《かんぴょう》四（八九二）年と天慶《てんぎょう》三（九四〇）年十二月七日の二度記録された（どちらも『日本紀略《にほんきりゃく》』）。平安京（現在の京都市）で九〇センチも積もったことがあるのかと驚かれるかもしれないが、平安時代の約四〇〇年の間で二度である。異常な出来事と言えよう。寛平四年の記録は月日が記されていないので、寛平三〜四年のシーズンか、寛平四〜五年のシーズンか判別できない。前者であれば、このシーズンには寛平三年十二月十六日に積雪二尺（約六〇センチ）が記録されているので（『日本紀略』）、一シーズンの間に二度の大雪（二尺と三尺）となったことになる。同様の事例は、仁安二〜三（一一六七〜六八）年のシーズン（二度とも一尺）にもある。後者であれば、二シーズン続けて大雪となった唯一の事例ということになる。

三尺に次ぐ積雪深の記録は二尺（約六〇センチ）である。元慶《がんぎょう》六（八八二）年正月一日（『日本三代実録《にほんさんだいじつろく》』『扶桑略記』）、寛平三（八九一）年十二月十六日（『日本紀略』）、長保二

（一〇〇〇）年正月九日（『日本紀略』）の三度記録された。ただし、長保二年正月九日の大雪については、『御堂関白記』の翌十日の記事に「雪大いに降る。一尺二、三寸ばかり」とあるので、場所によっては二尺に達しなかったところもあったようだ。

シーズンを通じての降雪日数と大雪との関係をみてみると、寛治五（一〇九一）年十二月二日（一尺、『後二条師通記《ごにじょうもろみちき》』）や嘉保元（一〇九四）年正月五日（一尺、『扶桑略記』）のように、降雪日数が多いシーズン（前者は一六日、後者は一八日）に大雪となった場合がある一方で、長保二（一〇〇〇）年正月九日（二尺、『日本紀略』）・十日（一尺二、三寸、『御堂関白記』）や承安《じょうあん》二（一一七二）年正月二十四日（一尺、『愚昧記《ぐまいき》』）などのように、平均的な降雪日数のシーズン（前者は五日、後者は四日）に大雪となったこともあった。大雪となることがきわめて稀な中にあって、前述した降雪日数が多いシーズンが連続する期間（十一世紀末から十二世紀初頭）に四回の大雪が記録されていることは注目される。この期間は降雪日数が多い、つまり降雪の頻度が高かった時期であると同時に、大雪となることも、ほかの時期に比して多かったと言えそうである。

積雪が一尺を超えるような大雪となった場合、雪はどのくらいの間解けずに残っていたのであろうか。平安京における最大の積雪深三尺（約九〇センチ）を記録した天慶三（九四

○）年十二月七日の大雪（『日本紀略』）では、同月二十四日に「今日、降雨せずといへども、積雪消えざるをもって、地また湿潤」（『政事要略《せいじようりやく》』）とあるので、一七日後にも雪が残っていたことがわかる。また、積雪一尺三寸（約三九チセン）を記録した長久元（一〇四〇）年十一月十一日の大雪（『春記《しゆんき》』）では、同月二十六日の記事に「宿雪《しゆくせつ》今に消えず。希有《けう》のこととなり」とあり、一五日後にも宿雪（積雪）が解けずに残っており、それが珍しいこととされていたことがわかる。大雪の事例をいくつか取り上げてみよう。

あまりの雪に出仕できず

長久元（一〇四〇）年十一月十一日は、現在の暦（グレゴリオ暦）では十二月二十三日となる。藤原資房《すけふさ》の日記『春記』の記載からこの日の様子をみていこう。

この日は明け方から雪が降り、積雪は一尺三寸（約三九チセン）となった。雪は一日中やまなかった。後朱雀《ごすざく》天皇は早朝に釣殿《つりどの》（寝殿《しんでん》造りで池に面して設けられた建物）に渡り雪見をした。資房は、その様子を「雪色皓然《こうぜん》（明るく輝く）なり。風流の勢、いよいよもって優美なり」と記す。この朝には初雪見参《はつゆきげんざん》が行われた。詳しくは後述するが、初雪見参は、雪が降った日に勅使を宮中の各所へ派遣し、出仕《しゆつし》している人々の見参（名簿）を取り、その後、見参を取られた人々に対して禄《ろく》（褒美）が支給されるという儀式である。この日は

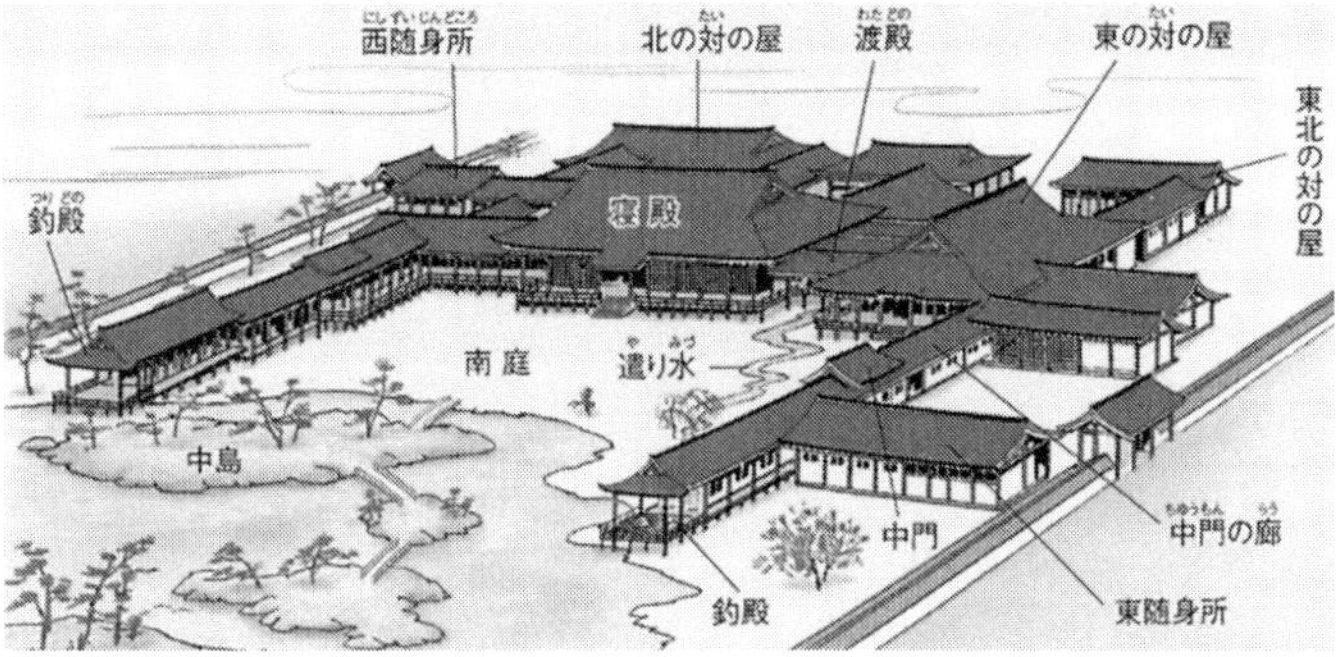

図２　寝殿造り（『旺文社古語辞典』巻末カラー参考図より）

「侍臣《じしん》らの員《かず》少なく、所々の見参、尤《もっと》も懈怠《けたい》（なまけ、怠ること）なり」という状況で、人々は前例のない一尺余りに及ぶ雪のせいだと言った。高陽院《かやのいん》（摂関家の邸宅の一つ）では藤原頼通《よりみち》が近習《きんじゅう》らとともに雪見をした。雪山も作られたようである。

夜になって、天皇はひそかに北対《きたのたい》（寝殿造りで正殿《せいでん》の北にある建物）へ行き調楽《ちょうがく》（舞楽《ぶがく》・音楽を奏すること）を見た。これに供奉《ぐぶ》した資房は、この日の日記の最後に「今日の興《きょう》、風流の美、いふこと得べからず」と記し、雪景色の中で行われた風流な遊興にとても感動したようである。

翌日の十二日には雪は降らなかったようだが、天皇は前日と同じく早朝に雪見をした。その後、天皇の指示で雪山が作られた。十四日には雨が降った。雪が積もっているところへ雨が降ったため、五節《ごせち》の舞姫《まいひめ》が参入する道が泥道になってしまった。前述したように、この時の大雪は一五日後の十一月二十六日にも解けずに残っていた。

春先の大雪

長治元《ちょうじ》（一一〇四）年二月三日の大雪は、古記録で確認できる唯一の二月の大雪の事例である。グレゴリオ暦にすると三月八日なので春先の大雪ということになる。後述するように、二月の降雪日数は、古記録で降雪が確認された全一五五シーズンを通じて合計六八日で、十一月～正月に比べて少ない（後掲の表5参照）。このシーズン（康和五～長治元年）も二月の降雪日数は二日（三日と二十六日）だけであり、そのうちの一日が珍しい二月の大雪となったのである。

藤原忠実《ただざね》の日記『殿暦《でんりやく》』によると、この日の雪は辰刻《たつのこく》（午前八時頃）から降りはじめ、積雪は一尺七、八寸（約五一～五四チセン）にもなった。忠実は右近馬場《うこんのばば》へ雪見に行った。『中右記』によると、この日は釈奠《せきてん》（孔子をはじめとする儒教の先哲を祭る儀式）が行われたが、深雪のため庭上で行われる出立《いでたち》（使者出発の際の儀式作法）が省略された（飯淵康一「平安時代に於ける儀式と雪」）。

一晩で二倍に

仁安《にんあん》二（一一六七）年十一月十五日はグレゴリオ暦では正月四日である。このシーズン（仁安二～三年）は二度大雪になった。一シーズンの間に二度の大雪が記録されるのは、前述したように、その可能性のある寛平三～四（八九一～八九二）年のシーズンを除けばこのシーズンだけである。

この日は新嘗祭《にいなめさい》が行われた。『愚昧記』の記主三条実房《さねふさ》は、神祇官《じんぎかん》に参った亥刻《いのこく》（午後十時頃）の積雪を四寸（約一二センチ）と記録し、退出した卯刻《うのこく》（午前六時頃）には「雪、尺に満つ。行き歩くに煩ひあり」と、積雪が一尺以上（約三〇センチ）になったと記している。十五日夜から翌十六日の朝にかけての八時間ほどの間に、雪が六寸（約一八センチ）以上積もったことがわかる。このシーズンには、年明けの正月七日（グレゴリオ暦二月二十四日）にも積雪一尺の大雪となった（『兵範記《へいはんき》』）。

通常の積雪深

ここまでは平安京における大雪の事例を見てきたが、前述したように、積雪が一尺を超えるような大雪となることはきわめて稀なことであり特別な出来事だった。それでは、通常は一度の降雪でどれくらい積もったのであろうか。表3は、古記録に記された積雪深を分量ごとに分類したものである。積雪深の記載は全部で一一九例確認できるが、そのうちのほぼ半数の六〇例が三寸（約九センチ）以下である。四寸（約一二センチ）以上とする記載もほぼ同数の五九例ある

表3　積雪深の内訳

積雪深	例数
1寸未満	9
1～3寸	51
4～6寸	41
7～9寸	9
1尺以上	9

が、これについては、「いつもより多く積もった」という特殊な出来事であったからこそ記載されたという点を考慮すべきであろう。逆に言うと、積雪深が記載された一一九例以外の、積雪深が記載されない数多くの降雪の記事は、雪が降っても積もらなかったか、あるいは積もっても特段記載するまでもない「いつも通り」の積雪だった可能性が高いのではないだろうか。

この点を考えるための参考として、雪が一日でどれくらい積もったのか、つまり一日の積雪増加量について見てみたい。同一記主による古記録で、二日連続で積雪深が記載されている事例を調べると、藤原実資《さねすけ》の日記『小右記』の正暦《しょうりゃく》元（九九〇）年十二月十五日条では三寸、翌十六日条では四寸で、一日の積雪増加量は一寸である。『殿暦』の長治元（一一〇四）年十二月二十二日条では三寸、翌二十三日条では五、六寸で、一日の積雪増加量は二、三寸である。むろん、前述した仁安二（一一六七）年十一月十五日の新嘗祭の夜のように、八時間ほどの間に六寸積もったという事例もあるが、これはきわめて稀なことであろう。平安京における一度の降雪による通常の積雪深は三寸以下がほとんどで、一寸にも満たないことが多かったのではなかろうか。

雪の季節の始まりと終わり

平安京の初雪

表4は、諸史料によって確認できる初雪（シーズン最初の降雪）についてまとめたものである。史料に「雪始めて降る」（『貞信公記《ていしんこうき》』延長《えんちょう》二〈九二四〉年十一月十五日条）、「時に初めて小雪降る」（『本朝世紀《ほんちょうせいき》』正暦元〈九九〇〉年十一月八日条）、「早朝小雨降る。雪相交《まじ》る。是初なり」（『御堂関白記』長和《ちょうわ》二〈一〇一三〉年十月十六日条）などとある事例を取り上げた。

ところで、「初雪」という語を冠する宮中行事として、先にも触れた初雪見参がある。しかし、『御堂関白記』寛弘八（一〇一一）年十一月八日条に「初雪降る。（中略）初雪と雖《いえど》も見参を取られず」とあるように、実は、初雪が降っても必ずしも初雪見参が実施されるとは限らない。長久元（一〇四〇）年には十月二十八日に初雪が降ったが、雪があまり積もらなかったため初雪見参は行われず、雪が一尺三寸（約三九センチ）積もった十一月十一日に実施された（『春記』）。そのため、表4では、「初雪が降った」こととともに初雪見参の実施が記される場合は取り上げたが、初雪見参の実施のみを記す場合は取り上げなかった。また、「初雪が降った」と記されているにもかかわらず、ほかの史料でその月日よりも前に降雪が確認される場合も取り上げなかった。

確認できた初雪の事例は全部で二四例である。月ごとの内訳は、十月が八例、十一月が一五例、十二月が一例である。シーズンによって雪の降りはじめの時期に違いがあるのは当然だが、十・十一月が雪の降りはじめの時期といえよう。最も早い初雪の記録は、承《じょう》徳《とく》二（一〇九八）年の十月十三日（『中右記』）で、グレゴリオ暦にすると十一月十四日で

出典
『菅家文草』
『貞信公記』
『日本紀略』
『西宮記』
『本朝世紀』
『御堂関白記』
〃
〃
〃
『春記』
〃
〃
『水左記』
〃
『後二条師通記』
『中右記』
〃
〃
『台記』
『愚昧記』
『玉葉』
『愚昧記』
『吉記』
『玉葉』

表4　初雪の月日と状況

年月日	雪の状況
寛平2(890)年10月21日	禁中の初雪.
延長2(924)年11月15日	雪初めて降る.
天暦2(948)年10月30日	夜, 雪初めて降る.
応和元(961)年11月7日	今朝初雪.
正暦元(990)年11月8日	時に初めて小雪降る.
寛弘6(1009)年11月9日	初雪ふる. 寸に及ばず. 午上(午前)雪ふり, のち雨ふる.
寛弘8(1011)年11月8日	初雪降る. 雪のもとを踏み冷泉院に参る.
長和2(1013)年10月16日	早朝小雨降る. 雪まじる. これ初なり.
長和4(1015)年11月14日	初雪見参を取る. 退出の間大雪. 庭に積むこと3寸ばかり.
長暦2(1038)年10月29日	今日初めて雪あり. すぐにとけた.
長暦3(1039)年11月17日	初雪わずかに1寸ばかり.
長久元(1040)年10月28日	早朝参内した. 初雪をめでるためである. 雪寸に及ばず.
承暦元(1077)年11月21日	初雪紛々.
承暦4(1080)年10月26日	初雪飛々.
永保3(1083)年11月7日	初雪降る.
承徳2(1098)年10月13日	早朝飛雪紛々. 初雪なり. ただし地上に積むに及ばず.
天永3(1112)年11月22日	初雪紛々.
元永2(1119)年11月21日	寒風頻りに吹く. 飛雪紛々. 今年の初雪なり.
天養元(1144)年12月15日	雪降る. 今年初めての雪なり. 地に積むこと6寸ばかり.
仁安2(1167)年10月17日	初雪降る. 寸に及ばず. 終日陰晴定まらず, 時々微雨.
安元2(1176)年11月4日	今日初めて雪降る.
治承元(1177)年11月10日	初雪わずかに地に蔵す.
寿永2(1183)年11月8日	初雪紛々.
元暦元(1184)年11月5日	〃

ある。最も遅い初雪の記録は、天養元《てんよう》（一一四四）年の十二月十五日（『台記《たいき》』）で、グレゴリオ暦にすると年が明けた正月十六日となる。

冬の到来を告げる雪

初雪はどのように降り、どのくらい積もったのであろうか。いくつか事例を取り上げてみよう。

・初雪の事例①　寛弘六（一〇〇九）年十一月九日（グレゴリオ暦十二月四日）

初雪ふる。寸に及ばず。万物白し。候宿《こうしゅく》の随身《ずいじん》らに禄を給ふ。また宮の陣の吉常《きちじょう》らに禄を給ふ。午上《ごじょう》雪ふる。のち雨ふる。（『御堂関白記』）

・初雪の事例②　承徳二（一〇九八）年十月十三日（グレゴリオ暦十一月十四日）

早旦、飛雪紛々《ひせつふんぷん》初雪なり。但し地上に積むに及ばず。（『中右記』）

・初雪の事例③　元永《げんえい》二（一一一九）年十一月二十一日（グレゴリオ暦十二月三十一日）

寒風頻《しき》りに吹く。飛雪紛々。今年の初雪なり。（『中右記』）

初雪は、事例①のように雪が降った後に雨が降ったり、前掲の『御堂関白記』長和二（一〇一三）年十月十六日（グレゴリオ暦十一月二十七日）条にみられるように雨に混じってみぞれで降ったりすることもあれば、事例②や③のように風に吹かれて舞い散るようにして降ることもあった。また、天養元（一一四四）年十二月十五日（グレゴリオ暦翌年正月十六日）に初雪で六寸の積雪となったという記録（『台記《たいき》』）もあるが、事例②に「但し地上に積むに及ばず」とあったり、「寸に及ばず」（事例①、長久元年、仁安二年）、「わずかに一寸ばかり」（長暦《ちょうりゃく》三〈一〇三九〉年）とあったりするように、わずかに地面を覆うくらいで一寸にもならず、「即ち銷《と》け畢《おわん》ぬ」（長暦二年）とあるように、すぐに消えてしまうことが多かったようだ。

ところで、『小右記』万寿《まんじゅ》二（一〇二五）年十二月四日条には、「夜に入りて小雷《しょうらい》。世に雪発《おこ》しと号すと云々」とある。「雪発し」＝雪起こしは雪が降る前に鳴る雷のことで、この時も翌五日に大雪となった（『日本紀略』）。雪起こしの雷の事例は、『万葉集』にもみられる。

冬十一月五日の夜、小雷起こり鳴り、雪落《ふ》りて庭を覆《おお》ひき。忽《たちま》ちに感憐《かんれん》を懐《いだ》き、聊《いささ》かに作りし短歌一首

消残《けのこ》りの雪にあへ照るあしひきの山橘《やまたちばな》をつとに摘み来な

（消え残った雪と張り合って輝いている〈あしひきの〉山橘をみやげに摘んで来たいなあ）

（『万葉集』巻二十─四四七一）

現在、福井県敦賀地方の方言では十二月中旬（グレゴリオ暦）に鳴る雷のことを「雪起

こし」と言い、新潟県や山形県の方言では、初冬に鳴る雪を知らせる雷のことを「雪下ろし」と言う。初雪が降るころの雷は、雪の季節の到来を知らせる雪起こしの雷と考えられていたのであろう。

春に向かう時期の雪

次に雪の季節の終わりについて見ていきたい。表5は、古記録で一五五シーズンにわたって確認された降雪日数の合計六九八日を、月別に集計したものである。十一月が一一六日、十二月（閏十二月を含む）が二一八日、正月（閏正月を含む）が二六六日で、十一月から翌年正月にかけての期間が本格的な降雪の時期である。これに対して、二月（閏二月を含む）の降雪日数は六八日で、正月の降雪日数よりも大幅に少ない。さらに三月の降雪日数は、一五五シーズンを通じてわずか五日しかない。二月は雪の季節の終わりであり、三月の降雪は滅多にないことであった。二月の雪はどれくらい、どのように降ったのであろうか。

・二月の降雪の事例①　永長元（一〇九六）年二月三日（グレゴリオ暦三月六日）

早旦《そうたん》、雪散る。舎上霜《しも》のごとし。（『後二条師通記』）

・二月の降雪の事例②　元永元（一一一八）年二月五日（グレゴリオ暦三月五日）

陰晴《いんせい》定まらず。雨雪《あまゆき》間々ふる。（中略）雪、頻りに庭上に積む。正月和暖。今月に入りて更に寒き気色なり。（『中右記』）

・二月の降雪の事例③　大治四（一一二九）年二月九日（グレゴリオ暦三月八日）
今朝、白雪紛々。頻りに庭上に積む。（中略）漸《ようや》く辰刻に及び、白日高く昇る。薄雪消えんと欲す。（『中右記』）

二月は降雪日数が大幅に減るとともに、大雪（積雪一尺以上）の記録も、長治元（一一〇四）年二月三日（グレゴリオ暦三月八日、『殿暦』）の一例だけである（表2）。比較的積雪の多い記録としては、寛弘元（一〇〇四）年二月六日（グレゴリオ暦三月五日、『御堂関白記』）の七、八寸（二一～二四チセン）という記録があるが、二月の降雪は、事例②のように「雨雪（みぞれ）」で降ったり、事例①③のように風に吹かれて散るように降ったりして、「庭上に積まず」（『後二条師通記』寛治七年二月十三日条）、「積雪、寸に満たず」（『愚昧記』嘉応元年二月二日条）とあるように、多く積もることはあまりなかった。

表5　降雪日数の月別内訳

月	日数
10月	24
11月	116
12月	218
正月	266
2月	68
3月	5
4月	1

10・12・正・2月は閏月を含む.

二月は、事例②にみられるように、寒の戻りもあるが、事例③のように、朝積もった雪も辰刻《たつのこく》（午前八時頃）になって日が高くのぼるとすぐに消えてしまうような、だんだんと春めいていく気候である。

異常な三月の雪

　滅多に降らない平安京の三月の雪はどのように降ったのだろうか。いくつか事例を見てみよう。

・三月の降雪の事例①　長和二（一〇一三）年三月二十四日（グレゴリオ暦五月十二日）
　雨降ること常の如し。しぐれに似る。雪相加わりふる。北山の雪白し。衆人奇となす。
（『御堂関白記』）

・三月の降雪の事例②　寛仁二（一〇一八）年三月二日（グレゴリオ暦三月二十七日）
　雪、屋上にあり。その後、雨相加わりふる。
（『御堂関白記』）

・三月の降雪の事例③　天永《てんえい》元（一一一〇）年三月四日（グレゴリオ暦四月一日）
　暁より雪降る。庭に積むこと陸（六）寸。辺山《へんざん》尺に過ぐ。寒気冬の如し。後漢《ごかん》の末、盛夏に寒きことあり。時にあらずして人を殺す。苛政《かせい》の甚だしきなり。（『永昌記《えいしょうき》』）

三月に大雪（積雪一尺以上）となったという記録はない。積雪の多い記録としては、事例③の六寸（約一八センチ）のほかに、承保《じょうほう》元（一〇七四）年三月二日（グレゴリオ暦四月六日）に四、五寸（約一二～一五センチ）積もったという記録（『扶桑略記』）がある。しかし、三月の降雪も、二月と同じく、事例①や②にみられるように雨に混じってみぞれで降り、あまり積もることはなかったようだ。

一方で、三月の降雪は、事例①や③に記されているように、順調な気候の進行にそぐわない奇怪な出来事とされることもあった。事例①の降雪について、平安後期に成立した歴史書『日本紀略』では「東西の山に雪降る。京中大いに寒し。去る十四日立夏《りっか》なり。人以て怪となす」と記し、二十四節気の立夏の後の降雪は異常な出来事と認識された。また、事例③の降雪および寒気について、鎌倉後期に成立した歴史書『百練抄《ひゃくれんしょう》』天永元年四月二十一日条では「三月五日、雪ふる。寒気甚だし。苛政甚だしきの故なり」としており、三月の降雪という異常な出来事の原因が激しい苛政にあるとする見方があったことがうかがえる。事例①③のほかにも、『日本紀略』天元《てんげん》三（九八〇）年三月十二日（グレゴリオ暦四月四日）条に「巳の刻、氷降る。また北山に雪あり。近来、京中の河竹実を生ず。世以て異となす」とあり、竹が実を付けたこととともに異常現象と認識されている。

ここまで見てきたような平安京における雪の状況（雪環境）のもとで、都人たちは、雪にまつわるさまざまな儀式や遊興などを行っていたのである。

都人の儀式と雪

雪にも負けず

少なくない雪の影響

平安京における積雪は三寸（約九㌢《センチ》）以下の場合がほとんどで、一寸（約三㌢《センチ》）にも満たない程度のことが多かったとみられる。しかし、それでも都人の生活にさまざまな影響をもたらした。積雪で道路がぬかるみ、往来が困難になったり（『中右記《ちゅうゆうき》』長治元〈一一〇四〉年正月十四日条、天仁元〈一一〇八〉年十二月十一日条など）、風雪により政務が滞ったりした（『小右記《しょうゆうき》』天元五〈九八二〉年正月三十日条、『春記《しゅんき》』長久元〈一〇四〇〉年十二月二十四日条など）。院政期の関白藤原忠実《ただざね》は、本来、参内《さんだい》すべきところを「風雪術《すべ》なし」として参内しなかった（『殿暦《でんりゃく》』長治二〈一一〇五〉年正月八日条）。平安時代の政務は儀式という形態をとって執行されており、儀式と政務は一体的なものだった（土田直鎮「平安時代の政務と儀式」）。ここでは平安時代の貴族たちによって行われたさまざまな儀式に、雪がどのような影響を与え、またそれに対してどのような対応がとられたのかみていきたい（飯淵康一「平安時代に於ける儀式と雪」）。

当然のことだが、雪の影響を受けるのは、基本的に、儀式の全行程あるいはその一部が屋外で行われる場合である。雪が儀式に及ぼす具体的な影響としては次の①～③がある。

①…激しい降雪・風雪により、儀式の執行が困難になる。

②…降雪・積雪により、儀式を行う場（庭など）がぬかるみ、執行が困難になる。

③…①②の両方のため、儀式の執行が困難になる。

ただし、史料の記述から①～③を区別することはなかなか難しい。

通常通り執行する場合

天永二（一一一一）年正月一日は、一日のなかで晴れたり曇ったり、小雨が降ったり小雪が降ったりして天候が目まぐるしく変化した。しかし、「庭湿《ていしつ》に及ばず」として、元日のさまざまな儀式は通常通り行われた（『中右記』）。雪が降っても、儀式の執行に影響を及ぼすような激しい降雪・風雪ではなく、また、儀式を行う場に支障がなければ通常通り実施されたのである。

しかし、次に取り上げる事例は、雪による影響があったにもかかわらず儀式が執行され

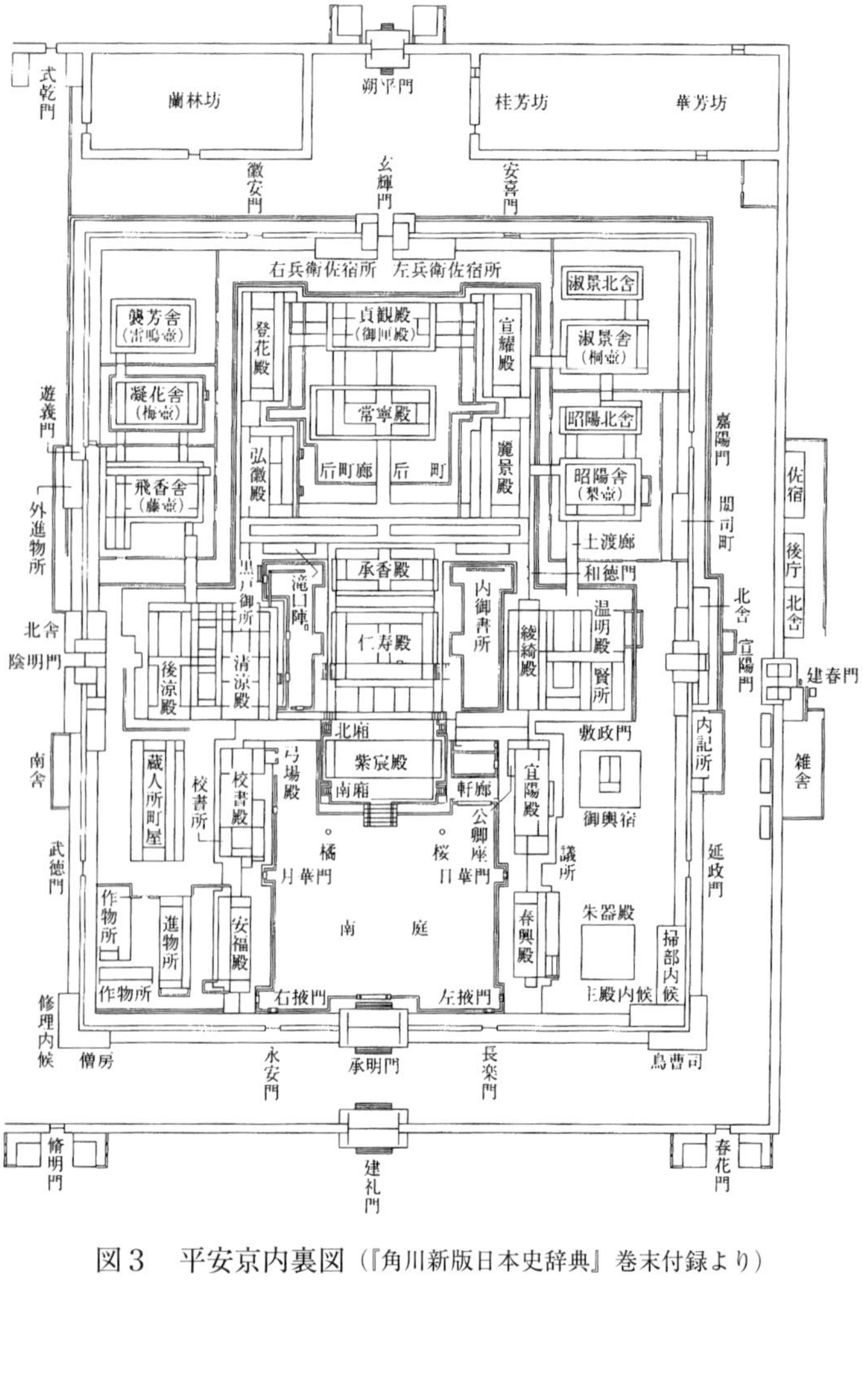

図３　平安京内裏図（『角川新版日本史辞典』巻末付録より）

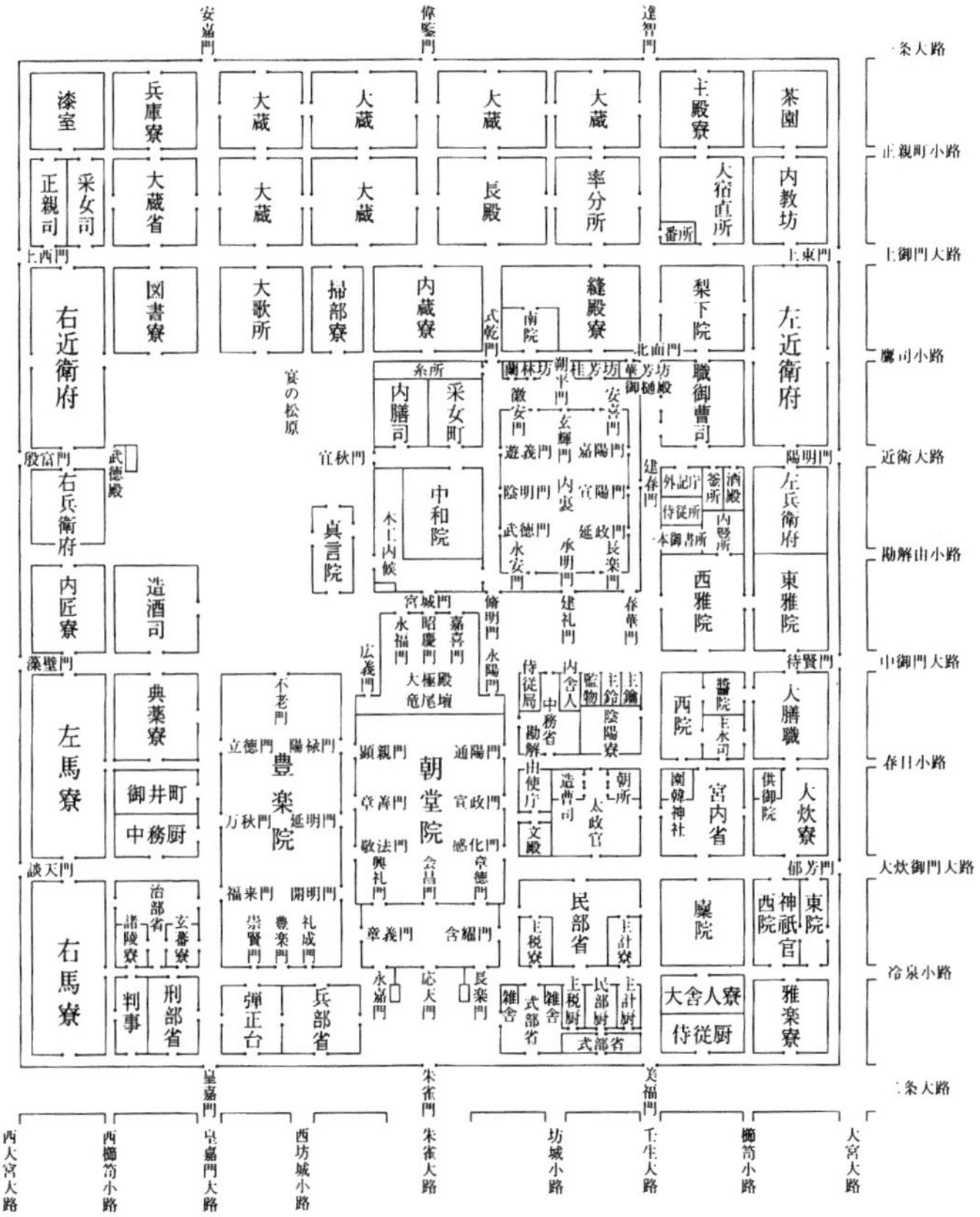

図4　平安京大内裏図（『角川新版日本史辞典』巻末付録より）

た例である。

貞観《じょうがん》六（八六四）年正月一日は、「大いに雪雨《ふ》る」という天候だったが、清和《せいわ》天皇の元服の儀式が紫宸殿《ししんでん》で行われた。親王以下五位以上の貴族たちは紫宸殿の南庭《なんてい》で拝賀《はいが》し、六位主典《さかん》以上の者は春華門《しゅんかもん》の南で拝賀した（『日本三代実録』）。後述するように、正月一日に朝堂院《ちょうどういん》で行われる朝賀《ちょうが》は、雨や雪のために延期や中止となることがたびたびあった。しかし、この時の清和天皇の元服に伴う拝賀は実施されたのである。ちなみに、この年の朝賀は、翌々日の正月三日に行われている（『日本三代実録』）。

寛仁三（一〇一九）年正月二日、夕方以降、雪は止んでいたが地面は湿っていた。しかし、藤原道長《みちなが》が「中宮（＝威子《いし》）の初めての中宮大饗《だいきょう》（中宮を拝賀し饗宴を賜う正月儀礼）なので、拝礼がないのはいかがなものか」と言ったため、諸卿《しょけい》は道長の意向に従って拝礼を行った（『小右記』）。威子は前年の十月に後一条天皇の中宮になっていた。拝礼は、饗宴に先立って、諸卿が庭に列立して行うものだが、庭の状態が悪い場合には省略されることもあった。しかし、この時は「中宮になって初めての大饗なので拝礼を行うべきだ」という道長の意向に従って行われたのである。

この二つの事例は、天皇の元服や、中宮になって最初の大饗という特別な理由のため、雪の影響があるにもかかわらず執行されたのかもしれない（飯淵康一「平安時代に於ける儀式と雪」）。しかし、史料には書かれていないが、儀式を行うにあたって、庭の状態を改善する必要があったであろう。具体的にどのような方法がとられたのであろうか。

雪を掃く

庭に雪が積もったり、積もらないまでも庭がぬかるんだり湿ったりして、儀式の執行に支障が生じた場合、雪を掃いたり、筵《むしろ》（敷物）を敷いたりして庭の状態を改善する対応がとられた。庭に積もった雪を掃いて儀式や行事を執行した事例としては次のようなものがある。

寛仁元（一〇一七）年正月一日、藤原道長の邸第《ていだい》では、庭に積もった雪を掃かせて、家子《いえのこ》（家の者）らによる拝礼が行われた。道長の日記『御堂関白記《みどうかんぱくき》』の前日の記事によると、雪は五寸（約一五チセン）ほど積もったという。この日の拝礼は、道長が内裏《だいり》に参るため、いつもより早い時刻に行われた。そのため、多くの人々が不参であったという（『御堂関白記』）。人々の不参には雪の影響もあったのかもしれない。

翌年の寛仁二（一〇一八）年正月十六日の踏歌節会《とうかせちえ》（歌舞を演じる儀式）では、早朝に装束使《しょうぞくし》に命じて紫宸殿の南庭の雪を掃かせた。しかし、雪を掃いても不十分で、まだ庭の砂が湿っていた。そのため、舞いを担当する舞妓《ぶぎ》は、場を変更して紫宸殿の南庇《みなみびさし》で舞った（『左経記《さけいき》』）。前述したように、寛仁元年から二年にかけてのシーズンは雪の日が多く、源経頼《つねより》の日記『左経記』や『御堂関白記』によると、踏歌節会の前々日・前日と二日続きで雪が降り、前日の十五日には積雪が五寸ほどになっていた。

万寿二（一〇二五）年の踏歌節会の時には、宮中の清掃などを担当する主殿寮《しゆでんりよう》に命じて南庭と宮殿の内部（「殿の殿上」）に積もった雪を掃かせた（『左経記』）。宮殿の内部を掃いているのは、屋根があっても壁がないところでは雪が吹き込んで積もっていたためであろう。結局この年は、節会の当日には雪が降らず、踏歌節会は通常通りに行われた。南庭の積雪を掃いた結果、実施できるまで庭の状態が回復したのである。

久安二（一一四六）年十二月二十日には、洛中の積雪が九寸（約二七チセン）となるほどの雪が降ったが、雪を払って射場始《いばはじめ》が通常通りに実施された（『台記《たいき》』）。射場始は弓場始《ゆばはじめ》ともいい、毎年十月五日に、天皇が射場殿《いばどの》に出御《しゆつぎよ》して王卿《おうけい》以下の賭弓《のりゆみ》を観覧する儀式だが、式日は十一月や十二月に変更されることもあった。射場は、承和《じようわ》元（八三四）年に紫宸殿西南の廊《ろう》を撤去してつくられ、射場殿は校書殿《きようしよでん》の東庇北端の東面に張り出して構えられた。

湿った地面に筵を敷いて儀式や行事を行った事例としては次のようなものがある。

筵を敷く

寛仁二（一〇一八）年十二月十六日、藤原道長の邸第で法華八講《ほっけはっこう》が行われた（『小右記』）。法華八講は、『法華経』八巻を八座に分けて講説する法会《ほうえ》で、一日に朝夕の二座、四日間で講じられた。なかでも『法華経』巻五の提婆達多品《だいばだったほん》を講じる三日目は「五巻日《いつまきのひ》」と呼ばれ、とくに荘厳・盛大に行われ、関係者はさまざまな捧物《ほうもち》（仏への捧げ物）を持って参会した。道長の邸第で行われた法華八講は、この日が五巻日だった。白雪が頻りに降っていたため、庭前《ていぜん》に長筵を敷くように命じ、また、池の東・南・西にも敷かれた。五巻日には、薪《たきぎ》を背負い水桶を担った参会者が、僧の列の後に従って仏像や仏堂の周りを廻り歩く「薪の行道《ぎょうどう》」が行われた。長筵が敷かれた池の周りが行道の通路とされたのであろう。道長をはじめとする参会者は、捧物を持って二回廻り歩いた。本来ならば三回廻るべきであったが、日が暮れて雪も降っていたので一回省略して二回にしたのである。長筵が敷かれた庭前には捧物を置く舞台が設けられていたが、降雪によって敷物が湿ってしまったので仏前に置かせた（『小右記』）。

大嘗祭《だいじょうさい》・新嘗祭《にいなめさい》の翌日に行われる豊明節会《とよのあかりのせちえ》では五節舞《ごせちのまい》という舞が演じられたが、

十一月の中の丑の日の帳台試《ちょうだいし》（天皇が常寧殿《じょうねいでん》で五節舞姫の舞いを見る）、寅の日の御前試《ごぜんし》（天皇が五節舞姫を清涼殿《せいりょうでん》に召して舞いを見る）に続いて、卯の日に童女御覧《どうにょごらん》が行われた。童女御覧は五節舞姫とともに参入した付き添いの童女と下仕えの女房を、天皇が清涼殿で見る儀式である（山中裕『平安朝の年中行事』）。永暦《えいりゃく》元（一一六〇）年の童女御覧では后《きさき》町廊《まちのろう》に筵道《えんどう》が敷かれた（『山槐記《さんかいき》』）。后町廊は、宮中の常寧殿から南の承香殿《しょうきょうでん》の馬道《めどう》（厚板を敷き渡して殿舎と殿舎の間をつないだもの）に通じる廊で、渡り廊下ではなく土間だった。この日の朝に降った雪で后町廊が湿っていたので筵道が敷かれたが、童女御覧の時には雪が降っていなかったので撤去されたという（『山槐記』）。

筵は地面に敷かれるだけではなく、風雪を避けるために張られることもあった。天元五（九八二）年正月三十日、飛雪《ひせつ》（風に吹き飛ばされて降る雪）を避けるために掃部寮《かもんりょう》に命じて張筵《はりむしろ》の奉仕をさせた（『小右記』）。張筵は、雨や雪が入らないように牛車《ぎっしゃ》の箱に筵で覆いをしたり、建物の出入り口や窓、格子《こうし》の前などに筵を垂らしたりすることである。この年は正月二十六日から除目《じもく》（官職を任命する儀式）が行われていたが、二十九・三十日と公卿が議所《ぎしょ》に着かなかった。藤原実資《さねすけ》は「風雪に妨げられたのであろうか」と思量している（『小右記』）。議所は宜陽殿《ぎようでん》の南端にあり、その西面は壁がなく開放されていたとみられる（飯淵康一「平安時代に於ける儀式と雪」）。屋根があっても雪が吹き込んでくるため、公卿たちは議所に着かなかったのであろう。

儀式の場所を変更する

雪のため庭で行う儀式が執行不可能の場合、屋根のある建物内に場を移して実施されることも多くあり、雨天の場合と同様に、晴天の際の晴儀《せいぎ》に対して雨儀《うぎ》と呼ばれた。雪のために儀式の場を変更した事例をいくつか見てみよう。

先に清和天皇の元服の儀式（貞観六〈八六四〉年正月一日）において、「大いに雪雨《ふ》る」という天候にもかかわらず、紫宸殿の南庭で拝賀が行われた事例を見たが、元慶六（八八二）年正月二日に行われた陽成《ようぜい》天皇の元服も雪が降る中での儀式となった（『日本三代実録』）。この時は、前日の元日に「烈風大いに雪雨《ふ》る。平地二尺」という大雪で朝賀は中止され、翌二日も雪は止まなかった。元服の儀式では、親王以下参議以上は宜陽殿の西廂《にしびさし》に、四位・五位は春興殿《しゅんこうでん》と安福殿《あんぷくでん》の前に立って拝賀した。清和天皇の元服の際には、南庭の雪を掃くなどして拝賀が行われたとみられるが、今回は二尺もの積雪があったので場を変更したのであろう。平安中期に成立した歴史書『日本三代実録』には「雪で地面が湿っていたので、雨儀で儀礼をおこなった」とある。

延喜七（九〇七）年正月七日の白馬節会《あおうまのせちえ》は、風雪のため雨儀で実施された（『貞信公《ていしんこう》記《き》』）。白馬節会は天皇が豊楽院《ぶらくいん》（のちに紫宸殿）に出御して五位以上の叙位を行い、その後、左右馬寮《めりよう》が牽く白馬《ひ》を見て群臣らとともに宴を催す儀式である。仁安三（一一六八）年の白馬節会は、雪が一尺（約三〇チセン）も積もった大雪の日に行われた（『兵範記《へいはんき》』）。公卿たちは、晴儀の場合には南庭で行う謝座《しやざ》・謝酒《しやしゆ》（再拝して賜宴・賜酒に対する謝意を表すること）を宜陽殿の西廂で行い、叙位される人々は南庭ではなく承明門《しようめいもん》の東西廊に列立した。延喜七年の雨儀による白馬節会も、このように場を変更して行われたのであろう。

天慶三（九四〇）年十二月二十四日、荷前使《のざきのつかい》の発遣の儀式が行われた。荷前使は、諸国から貢進された税である調庸などの初荷を、毎年十二月に山陵などに供献する使者であり、その発遣は十二月吉日に天皇隣席のもと建礼門《けんれいもん》の前で行われた。この日は、晴れていたが積雪が残り、地面が濡れていた。そのため儀式は雨儀で行われた。雨儀の場合、天皇は宜陽殿西廂の軽幄《けいあく》（屋上に棟を設けない平張の幄舎）に出御し、荷前使は長楽門《ちようらくもん》から幣帛をもって内裏に参入して春興殿の西廂の北妻の壇上に立った（『政事要略《せいじようりやく》』）。雨や雪の影響で、建礼門前での儀式執行が困難な場合には、内裏のなかの屋根のある場所で儀式が行われたのである。

儀式の一部を省略する

雪の影響により、儀式のうちの庭で行う部分を省略することもあった。そのような事例をいくつか見ていこう。

先にも触れたが、正月二日には、東宮と中宮の拝賀と饗宴を行う二宮大《にぐうのだい》饗《きょう》の儀式があった。王卿はまずそれぞれの本宮《ほんぐう》に参って庭で拝礼を行い、その後、内裏北面中央の玄輝門《げんきもん》の東西の廊での饗宴に付いた。長元二（一〇二九）年の東宮大饗では、右大臣藤原実資は風病のため参加しなかったが、報告によると、雪が降っていたため拝礼は行われず、公卿は東宮からすぐに大饗に着いたとのことだった（『小右記』）。東宮の庭で行う拝礼が雪のため省略されたのである。

年始には、摂関や大臣の邸第でも大臣大饗《だいじんだいきょう》（摂関大臣の邸第に親王・公卿を招いて行われる饗宴）や臨時客《りんじきゃく》（摂関大臣の邸第に親王・公卿を饗応する儀式）が行われた。臨時客は、大臣大饗に比べて簡略で、私的な性格が強いとされる。どちらも庭での拝礼が行われた後に、昇殿して饗宴が開始される。寛弘二（一〇〇五）年の藤原道長の邸第の臨時客では、庭に二寸ほどの積雪があったため拝礼が行われず、諸卿はすぐに座に着いた（『小右記』）。天仁二（一一〇九）年正月二日は、積雪が深かったが、藤原忠実《ただざね》の邸第では臨時客が行われた。しかし、拝礼は行われなかった（『殿暦』）。

ここまで見てきた事例は、雪のため、儀式のうち庭で行う部分を省略した事例であったが、時間短縮のため、本来行うべき内容の一部を省略することもあった。寛仁二（一〇一八）年十二月十六日に藤原道長の邸第で行われた法華八講で、本来は三回廻る薪の行道を、「日が暮れて雪も降っているため」一回分省略して二回廻ったことは前述した。治安《じあん》元（一〇二一）年正月十六日の踏歌節会では、本来四曲演奏すべき雅楽寮《ががくりょう》による立楽《たちがく》（立ったままで演奏すること）が、「雪が降っていたので演奏できなかった」として二曲しか演奏されなかった。しかし、これは不当とされ、藤原実資は「雪が降る際には承明門《しょうめいもん》の壇上で演奏すべきである」と記している（『小右記』）。

延期・中止にすることも

雪の影響により儀式が延期されたり中止されたりした事例は、正月元日に行われる朝賀に最も多くみられる。雨や雪、あるいは風などの悪天候のため元日に朝賀が実施できない場合、奈良時代以降、九世紀前半の天長年間頃までは、二日かあるいは三日に延期して行われることが多かった。平安初期の儀式書『内裏式《だいりしき》』には、「旧例を見てみると、風雨で廃朝《はいちょう》となった場合は次の日に行う。三日以後は、いまだかつて行われたことがない」とある。しかし、九世紀中頃の承和《じょうわ》年間以降は延期せず中止している（飯淵康一「平安時代に於ける儀式と雪」）。

斉衡《さいこう》二（八五五）年の朝賀は、元日には雪は降っていなかったようだが、「雪の後で泥が深い」という理由で中止された（『日本文徳天皇実録《にほんもんとくてんのうじつろく》』）。前日までに降った雪のため地面の状況が悪かったのであろう。貞観七（八六五）年の朝賀は、「雪が降って地面が湿っている」として中止された。元慶六（八八二）年の朝賀は、激しい風雪と二尺（約六〇㌢）もの積雪のため中止された（以上、『日本三代実録』）。寛平七（八九五）年の朝賀は、前日の十二月晦日《みそか》に降った雪のため中止となった（『西宮記《さいきゅうき》』）。斉衡二年の時と同様に、元日には雪は降っていなかったとみられるが、前日の雪により地面の状態が悪かったのであろう。昌泰《しょうたい》二（八九九）年の朝賀は風雪のため中止となった（『日本紀略』）。

このように、朝賀は、元日の降雪や風雪によって中止されることがあるとともに、元日に雪が降っていなくても、前日（十二月晦日）までに降った雪によって地面がぬかるみ、中止となることもあった。また、朝賀は、多くの貴族や官人を朝堂院（八省院）の朝庭に集めて行うきわめて規模の大きな儀式である。そのため場を変えて雨儀で実施することが難しく、天候や朝庭の状況が回復するまで延期するか、あるいは即中止するということになったのであろう。

これに対して、小朝拝《こちょうはい》は殿上人《てんじょうびと》（清涼殿の殿上の間《ま》に昇ることを許された人）のみを対象とした小規模な儀式で、元日に清涼殿の東庭《とうてい》で天皇への拝賀が行われた。東庭に雪解け水が溜まっていたため中止されたこともあったが（『小右記』治安三〈一〇二三〉年正月元日条）、雨儀で行われることもあり（『小右記』長元《ちょうげん》二〈一〇二九〉年正月元日条）、その場合は、親王以下参議以上は仁寿殿《じじゅうでん》の西階の下に、侍臣は南廊の壁下に立った（『小野宮年中行事《おののみやねんちゅうぎょうじ》』）。

このほか、内裏の射場で行われる賭弓《のりゆみ》（正月十八日に射場殿に出御した天皇の前で、左右近衛・兵衛が射芸を競う儀式）や、先にも触れた射場始も、雪のために延期されたことがあった（『吏部王記《りほうおうき》』承平二〈九三二〉年正月十九日条、『中右記』大治五〈一一三〇〉年十月三十日条）。これらの儀式は屋外での行事が主体となる。そのため、悪天候の場合は延期となったのである。

雪の装い

雪の日に行われる儀式では、貴族たちは深履《ふかぐつ》（深沓）を履いたり、笠をかぶったりすることもあった。清少納言は、雪の日の貴族たちの様子を次のように記している。

からかさをさしたるに、風のいたう吹きて、横さまに雪を吹きくれば、すこしかたぶけて歩み来るに、深き沓《くつ》、半靴《ほうか》などのはばきまで、雪のいと白うかかりたるこそをかしけれ。

（から傘をさしているけれども、風がひどく吹いて、横の方から雪を吹きかけるので、傘を少し傾けて歩いて来ると、深い沓や、半靴などのはばきまで、雪がとても白くかかっているのは、とてもおもしろい。）（『枕草子』「雪高う降りて、今もなほ降るに」）

深履は、革製漆塗りの長靴で、貴人が雨や雪の時などに履いた。延喜四（九〇四）年十一月二十三日に賀茂臨時祭の試楽《しがく》（歌舞の公式演奏の予行演習）が行われた際、貴族たちは深履を履いた（『日本紀略』）。賀茂臨時祭では祭りの一ヵ月前に祭使を決めて調楽《ちょうがく》（楽舞の予行演習、試楽以前に行われる）を行い、三日前に清涼殿の東庭で行われる試楽では、天皇が出御してこれを見た。この日は、雪が降っていたので、貴族たちは深履を履いて儀式に参加したのである。

図5　深履（『日本国語大辞典』掲載図より）

延長二（九二四）年十二月晦日、雪が降る中で追儺《ついな》が行われた。追儺は疫鬼《えきき》をはらって新年を迎えるための儀式である。黄金四つ目の仮面をかぶって桙《ほこ》と楯《たて》を持った方相氏《ほうそうし》の役（中務省《なかつかさしょう》の大舎人《おおとねり》の中から選ばれた）が童《わらわ》を率いて

図6　追儺（『日本国語大辞典』掲載図より）

紫宸殿前の南庭に参入し、王卿は侍従などを率いて方相氏の後ろに列立した。この時は雪が降っていたため、王卿は塗履《ぬりぐつ》（深履）を履いて、壇上から方相氏に従って入り南庭に列立した。諸卿が言うには、追儺には雨儀はないとのことであった（『政事要略』）。寛仁三（一〇一九）年十二月晦日、藤原実資は養子の資平《すけひら》から、追儺の雨儀について問い合わせを受け、この時の例もあげてどのように実施すべきか答えている（『小右記』）。

久安四（一一四八）年正月二十六日、政始《まつりごとはじめ》が行われた。政始とは、年始もしくは譲位・改元などの後に、外記政《げきせい》という外記庁で行われる政務を始めることである。この日は雪が降っていたので雨儀で行われた。藤原頼長《よりなが》は平安宮東面の待賢門《たいけんもん》で深履を履いて参入した（『台記』）。治承元（一一七七）年正月十七日の政始も時々小雪が降る中で行われた。この朝、前年十二月に参議になったばかりの藤原実宗《さねむね》は、藤原（中山）忠親《ただちか》から深履を借りている（『山槐記』）。

笠をかぶる

先に掲げた『枕草子』にみられるように、雪の日の外出には傘をさしたり、あるいは笠をかぶったりした。長和五（一〇一六）年正月十六日は晴れていた。源経頼《つねより》は政始のため結政所《かたなしどころ》という、外記庁内の南にある建物へ参った。ところが、晩になって帰る時、たちまち飛雪、つまり吹雪となった。人々は簦《さしがさ》を飛ばされないように抱きかかえていた（『左経記』）。この時、皇太后宮少進《こうたいごうぐうしょうしん》の良資《よしすけ》は冠《からかさ》を風で飛ばされた。それを見た人々は口を開けて大笑いしたという。

保延二（一一三六）年正月五日、朝覲《ちようきん》行幸に供奉《ぐぶ》した源師時《もろとき》は、その道中、飛雪のため笠をかぶった（『長秋記《ちようしゆうき》』）。同年の十二月二十一日は終日雪が降った。この日、藤原氏の教育機関である勧学院《かんがくいん》の学生《がくしよう》の参賀（参内して賀意を申し上げる行事）があったが、学生が南庭に行く時には雪が止んでいた。そのため学生は笠を持たなかった。しかし、地面は雪で湿っていたので、学生は南庭に列立しなかった（『台記』）。

ところで、雪が降るような朝は当然寒い。雪がちらちらと舞う朝、菅原道真《すがわらのみちざね》は「裘《かわごろも》三尺」を身につけて民部省《みんぶしよう》の役所へ向かった。「裘三尺」は鹿の革でできた長さ三尺のジャンパーとみられるが、それでも寒かったらしく、道真は出勤前に「酒二分」を飲んで体を温めた（『菅家文草《かんけぶんそう》』「雪中早衙」）。

このほか、雨や雪の時には輿《こし》や牛車の箱を雨皮《あまかわ》という雨具で覆った。永久五（一一一七）年二月六日、鳥羽天皇は方違《かたたがえ》のため鳥羽殿に行幸した。方違とは陰陽道の俗信で、忌むべき方角を避けるため、いったん場所を移すことである。天皇が輿に乗ろうとした時、輿が雨皮で覆われていた。しかし、雪が止んでいたので、南殿《なでん》に輿を寄せて雨皮を取ったという（『殿暦』）。

初雪見参

大宮人のけさのありかず

鎌倉時代の私撰和歌集『夫木和歌抄《ふぼくわかしょう》』には、源家長《いえなが》の次の和歌が収録されている。

初雪にかきあつめてぞきこえあぐる大宮人のけさのありかず
（初雪の時にかきあつめて申し上げる、宮中に仕える人々の今朝の人数を）
（『夫木和歌抄』七一一八）

源家長は鎌倉時代前期の歌人である。この和歌は、九番目の勅撰和歌集である『新勅《しんちょく》撰和歌集《せんわかしゅう》』に収録する歌を選定する目的で、九条教実《くじょうのりざね》をはじめとする歌人がそれぞれ百首を詠じた「洞院摂政家百首《とういんせっしょうけひゃくしゅ》」のうちの一首で、平安時代前期から中期（九世紀中頃から十一世紀中頃）にかけて宮中で行われた初雪見参《はつゆきげんざん》という儀式を詠んだものである。初雪見参は、雪が降った日に勅使を六衛府《ろくえふ》の武官が出仕する宮中の諸陣《しょじん》や各所に分遣して、出仕している官人らの見参（名簿）を取り、その後、見参を取られた官人らに対して禄物（褒美）が下賜されるという儀式である。鎌倉時代にはすでに行われなくなっていたが、かつて行われていた初雪の日の儀式として貴族たちの記憶の中に留められ、和歌に詠まれたのであろう。ここでは、平安時代の宮中で行われた雪にまつわる儀式、初雪見参について見ていきたい。

なお、儀式の名称は、平安時代前期には「雪見参」とする史料（『貞信公記』承平《じょうへい》元〈九三一〉年正月九日条）もあるが、儀式の最盛期である摂関期には「初雪見参」の名称が使われている（『御堂関白記』寛弘七〈一〇一〇〉年十月二十二日条など）。名称の変化は、後述するように、シーズン中に降る雪の中でもとくに初雪を特別視するようになる貴族たちの意識の変化や、儀式の意味合いの変化と関わると考えられるが、ここでは、儀式の実施が確認される期間を通して「初雪見参」の名称を用いることとする。ただし、これも後述するが、初雪見参は必ずしも初雪が降った日に実施されるわけではない。また、これまでの研究では「大雪見参」という名称が使われることもあったが、「大雪見参」という名称は史料上に確認できない。そのため用いないこととする。

初雪見参の事例

まずは史料に見える初雪見参の事例を確認しておこう。表6は、諸史料で確認できる事例をまとめたものである。単に「雪が降った日に物や禄を賜った」という例は採用せず、明確に初雪見参の事例とできるもの（雪が降った日に出仕している官人らの見参を取り、禄を支給したことが確認できるもの）だけを取り上げた。以下、表6から、時代を追って、いくつか取り上げて見ていこう。

貞観二（八六〇）年閏十月二十日、雪が降った。禁中に出仕していた五位以下の者と、宮城の警備などに当たった衛府《えふ》に宿直していた者の名前を記録し、綿《わた》を下賜した（『日本三代実録』）。この史料が、明確に初雪見参と認められる最初の事例である。儀式としての初雪見参が、九世紀中頃には成立していたことがわかる。

九世紀後半の元慶五（八八一）年十一月十九日の事例では、天皇の勅によって、六衛府の少将《しょうしょう》・佐《すけ》以下で陣座《じんのざ》に出仕している者と、五位以上で侍従所《じじゅうしょ》（侍従の詰所）に出仕している者、および外記《げき》と内記に対して綿が下賜された（『日本三代実録』）。侍従は天皇の側近、外記と内記はともに文書の作成にたずさわる官職である。「新雪を慶する」とあるように、初雪を祝って儀式が実施された点に注意しておきたい。

十世紀に入って、承平元（九三一）年正月九日には女官の見参が取られた。男官の見参はこの日以前に取られたという（『貞信公記』）。女官の見参を取るのはこの史料が初見である。なお、この日の見参に対する禄は、翌月の二月二十一日に綿が下賜された（『貞信公記』）。

十世紀半ばの応和元（九六一）年十一月七日、朝、初雪が降った。侍臣《じしん》（天皇のそばに仕える家臣）を諸陣と帯刀陣《たちはきのじん》（帯刀舎人《とねり》の詰所）に分遣して見参を取るとともに、男房《なんぼう》・女房と、宮中殿舎の維持・管理や清掃を担当する主殿寮《しゅでんりょう》・掃部寮《かもんりょう》の官人らの見参も取られた。この日の見参に対する禄は、三日後の十一月十日に綿が下賜された（『西宮記』）。

十一世紀前半の寛仁元（一〇一七）年十二月七日は、一寸（約三センチ）にもならない積雪であったが、摂政藤原頼通《よりみち》の命令で初雪見参が取られた。五位・六位の者を諸陣や内侍所に詰める主殿寮・掃部寮の女官の所などへ派遣して見参を取らせ、それを奏上した。また、

出典
『日本三代実録』
〃
『日本紀略』
『貞信公記』
『西宮記』
『親信卿記』
『小右記』
『御堂関白記』
〃
『日本紀略』
『御堂関白記』

表6　初雪見参の事例

年月日	記事内容
貞観2(860)年閏10月20日	雪が降った．禁中に出仕していた五位以下の者と諸衛府に宿直していた者の名前を記録して綿を下賜した．
元慶5(881)年11月19日	雪はまだ止まない．勅を下して，六府の少将・佐以下の陣座に出仕している者と五位以上の侍従所にいる者に綿を下賜した．外記と内記にも下賜した．新雪のお祝いである．
延喜15(915)年11月5日	雪が降った．深さは5，6寸である．勅があって諸衛の見参が取られ禄が下賜された．
承平元(931)年正月9日	白雪が庭に満ちた．女官の雪見参を取った．前回は男官だけ取って女官のを取らなかったからである．
応和元(961)年11月7日	今朝初雪が降った．殿上の侍臣を諸陣と帯刀陣に派遣して見参を取った．また，男女房・主殿寮・掃部寮の官人の見参も取った．
天延2(974)年11月9日	初雪見参．九日の夜，大雪が降った．深さは2寸ほどである．勅があって見参を取らせたという．女房・男房には内蔵寮を下し，六衛府には上卿を下したという．
寛和元(985)年2月22日	小雪が降った．(中略)今朝勅計があったという．
寛弘7(1010)年10月22日	早朝，小雪が降った．初雪見参を取らせた．(中略)雪の深さは6寸ばかりである．
長和4(1015)年11月14日	卯辰時ころから雪が降った．初雪見参を取った．退出するときは大雪になった．(中略)庭に3寸ほど積もった．
長和5(1016)年12月8日	大雪が初めて降った．5寸ほどである．諸陣が見参を進めた．
〃	今朝雪が降った．5寸ほどであった．所々の見参を取った．桂家に行き雪を見た．

それとは別に、蔵人《くろうど》が女房や御厨子所《みずしどころ》の長女《おさめ》や刀自《とじ》などの見参を取って奏上した。見参を取る対象が、雑役《ぞうやく》を勤める下級の女官にまで拡大している点に注意しておきたい。なお、禄は絹や布を後日支給することとされた（『左経記』）。

十一世紀半ばの長久元（一〇四〇）年十一月十一日、積雪が一尺三寸（約三九センチ）にもなった大雪の日に初雪見参が行われた。見参を取るために諸陣や各所へ派遣する侍臣の数が少なく、また、各所の見参も「懈怠《けたい》」（怠慢）であった。人々は、前例のない一尺（約三〇センチ）以上にもおよぶ深い雪のせいだと言った。このシーズンは、十月二十八日に初雪が降ったが一寸にも及ばず、雪が庭の砂を覆わなかったため初雪見参は行われなかった（『春記』）。初雪が降っても必ずしも初雪見参が行われるとは限らず、庭の砂が雪で覆われているかどうかが初雪見参を実施するかどうかの基準になっていることがわかる。なお、これが確認できる最後の初雪見参である。

『左経記』
〃
〃
『春記』
〃

寛仁元(1017)年12月7日	白雪が積もったが1寸にも及ばなかった．早朝，摂政（藤原頼通）の宿所に参った．摂政が「初雪見参を取らせるべきだ」と仰った．殿上の五位・六位の者を左右近衛・左右衛門・左右兵衛・帯刀などの陣，ならびに内侍所，主殿・掃部などの女官，主殿寮，内竪所，御書所などに派遣して，見参を取らせて奏聞した〈御書所衆はいなかったので見参を取らなかった〉．また，殿上の女房，上下御厨子所の長女・刀自，造御厠人，得選などの見参を蔵人が取って別に奏聞した．仰って言うには「後日，禄を下賜すべきである．諸衛の府生以上は絹1疋，舎人以下は布．ほかの所々はこれに準じて行うべきである．ただし，女房は去年の例に準じて行うべきである」ということだった．
寛仁3(1019)年11月26日	初雪見参があったという．
万寿2(1025)年12月3日	蔵人らを諸陣，所々に派遣して見参を取らせた．初雪の禄が下賜されたという．
長暦2(1038)年10月29日	今日初めて雪が降った．しかし，すぐに融けてしまった．（中略）初雪見参を取らせた．（中略）女官の見参が取られた．蔵人の範基に命じて取らせた．侍臣，帯刀の陣，女房などの見参を取る例もあるが，最近は行われていない．そのため取らせなかったという．（中略）また，諸陣の見参は蔵人の章経をして関白殿に御覧に入れた．
長暦3(1039)年11月17日	初雪はわずか1寸ほどであったいう．（中略）初雪のことを奏上した．出御して「早く初雪見参を取らせるべきである」と仰せられた．蔵人少納言経成に命じて，侍臣を分遣して所々の見参を取らせた．

儀式書にみる初雪見参

つぎに儀式書に記された初雪見参について見ていこう。平安時代前期の儀式書『西宮記《さいきゅうき》』には、初雪見参に関する記載が二ヵ所にある。一ヵ所目は、巻六に十月の恒例行事として、「一つ、初雪降らば、宣旨により諸陣の見参を取り禄を賜う」と簡潔に記されている。初雪が降ったら実施するとされていることと、宣旨《せんじ》（太政官の命令を伝達するための公文書の一形式）によって開始される行事であることの二点に注意しておきたい。また、十月の行事とされているが、初雪見参は降雪という自然現象の発生によって実施される行事であり、当然、式日が固定しているわけではない。実際には表6にあるように十一月や十二月の実施となることの方が多かった。

なお、巻六の裏書には二つの勘物《かんもつ》（事例）が記されている。一つは、延長三（九二五）年正月十四日の事例で、「今朝、雪七寸。内蔵助《くらのすけ》仲連をして綿一千屯《とん》を以て大内山《おおうちやま》御室《おむろ》の道俗に施し給《たま》ふ。昨日寒く、今朝大雪なるを以てなり」とある。しかし、これは雪の日に大内山御室（仁和寺《にんなじ》）の道俗に綿を与えたという、雪の日の賜物《たまいもの》の事例であり（後掲の表7参照）、初雪見参ではない。雪の日の朝に、勅使が老僧に「綿襖《めんおう》」（綿の上着）を施す例は『菅家文草』にもみられる。二つ目の勘物は、表

『春記』

長久元(1040)年11月11日	明け方から雪が降った．深さは1尺3寸に及んだ．雪は一日中止まなかった．(中略) 蔵人の章行が言うには，「今朝，仰せによって所々の見参が取られた．先日は小雪が降ったが，庭の砂を覆わなかったので見参が取られなかった．今日は深雪になったので見参が取られたのである．侍臣の人数が少なく，各所の見参も懈怠（怠慢）であった」という．人々は，「京中の雪が往古に例がないほど深く，1尺以上にも及んだためだ」と言った．

6に掲げた応和元（九六一）年十一月七日の事例である。

大雪の日の勅計

記載の二ヵ所目は、巻十「侍中事《じちゅうのこと》」に次のように記されている。侍中とは蔵人の唐名である。

事に触れて勅計《ちょっけい》あり。侍臣を諸陣に分遣し見参を取らしめ禄を賜ふ或いは賜はず。但し朔旦冬至《さくたんとうじ》の時、諸陣及び蔵人所・校書殿・内豎所《ないじゅどころ》等、侍臣を遣はし見参を取る。或いは賜はず。但し大雪の時、殿上の男女房及び内侍所、主殿寮の男女官、同じくこれに預かる。　＊「但し大雪の時」の箇所には「若《も》しくは初雪か」という傍書がある。

この記載によると、侍臣を諸陣に分遣して見参を取らせて禄を下賜する勅計という行事があり、朔旦冬至（旧暦十一月一日が冬至にあたること）の時には諸陣に加えて蔵人所や校書殿、内豎所にも侍臣が派遣されて見参が取られ、大

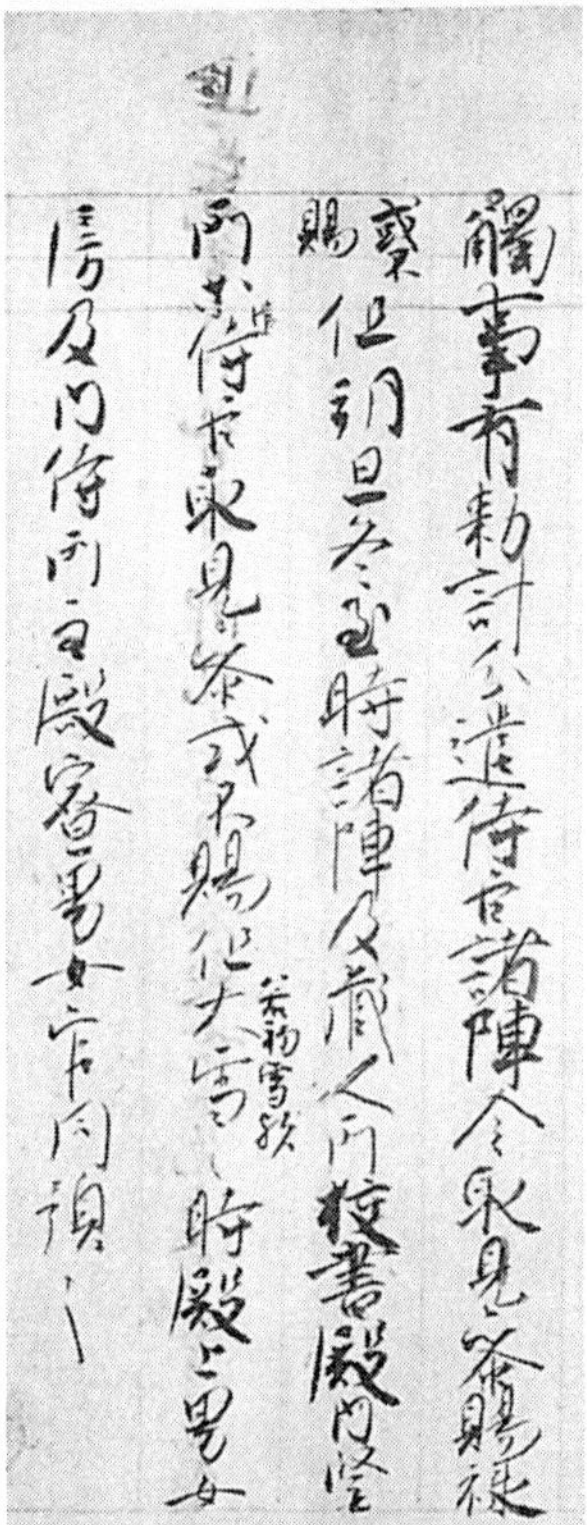

図7　『西宮記』巻十侍中事
（『尊経閣善本影印集成3西宮記三』より，前田育徳会所蔵）

雪（積雪一尺以上を基準とする大雪ではなく、貴族たちの感覚としての「大雪」であろう。二九ページ参照）の時には諸陣に加えて宮中の男女房や内侍所、主殿寮の男女官も見参を取られて禄が下賜されたことがわかる。つまり、初雪見参とは、大雪の時に実施される勅計のことなのである。実際、儀式の執行に厳格な藤原実資は、初雪見参ではなく「勅計」と記している（『小右記』寛和元〈九八五〉年二月二十二日条）。勅計とは、勅旨を奉った蔵人が、諸陣や各所の現在者の人数を数え、その見参（名簿）を奏することで（渡辺直彦「蔵人式と蔵人方行事」）、「勅使が出勤者の人数を計る」ことから勅計と呼ばれたという（目崎徳衛「王朝の雪」）。

実施方法

ところで、この『西宮記』巻十の「勅計」とほぼ同じ内容の記載は、平安前期成立の儀式書『新儀式』巻五「諸陣勅計事」、平安中期成立の政治・行政に関する故実書『政事要略《せいじようりやく》』巻二十五「初雪見参事」、平安中期成立の蔵人に関する儀式書『侍中群要《じちゆうぐんよう》』巻七「勅計事」にもみられる。『政事要略』では「蔵人式に云ふ」として記され、『侍中群要』では「式」という頭注につづけて記されている。『政事要略』が引用する「蔵人式」や『侍中群要』の頭注の「式」は、天暦蔵人式《てんりやくくろうどしき》（蔵人式は蔵人所の職員の職務ないし服務規律に関する規定）のことと考えられている（森田悌「蔵人式について」、渡辺直彦「蔵人式と蔵人方行事」）。つまり、前掲した『西宮記』巻十の「勅計」の記載は、天暦四（九五〇）年から九年にかけて選定された天暦蔵人式の逸文《いつぶん》（他の典籍や文書に引用されて部分的に伝えられた文）とみられるのである（渡辺直彦「蔵人式と蔵人方行事」）。

初雪見参を含めた勅計の詳細な実施方法については、『侍中群要』に詳しい。次のような実施方法である。

天皇の仰せを承った蔵人が、侍臣を諸陣（左右近衛《このえ》、左右兵衛《ひょうえ》、左右衛門《えもん》。これに帯刀《たちはきの》陣《じん》が加わることもある）に派遣する。勅使（＝諸陣に派遣された侍臣）は、陣に着いたら見参を問う。諸陣の面々（＝諸陣に出仕している官人ら）は勅使と対面する。勅使はただ人数を数えて帰参する。その後、諸陣の官人が見参を書き、勅使の署名を取る。勅使は見参を蔵人に付し、蔵人は諸陣の見参を取りまとめて一括して奏上する。当日のうちに奏上するが、もし、夜になってしまったら翌朝奏上する。

初雪見参のはじまり

初雪見参のはじまりについて、『政事要略』では、延暦《えんりやく》十一（七九二）年十一月乙亥（二十四日）の「雪雨《ふ》る。近衛官人已下《いか》に物賜ふこと差あり」（『類聚国史』巻百六十五「祥瑞上」）という記事をその濫觴《らんしよう》（起源）ではないかとしており（「初雪見参、是その濫觴か」）、これまでの研究では延暦十一年を初雪見参の初見とする理解も見られる（目崎徳衛「王朝の雪」、中本和「初雪見参と大雪見参」）。また、『類聚国史』には、この延暦十一年の記事のあとにも大雪の日に諸司や公卿以下に対して綿や禄を下賜したとの記事があり（表7参照）、これまでの研究ではこれらについても初雪見参の事例としている（中本和「初雪見参と大雪見参」）。しかし、これらの記事には見参

出典
『類聚国史』
〃
〃
〃
〃
〃
『類聚国史』
『日本後紀』
『類聚国史』『日本紀略』
『日本紀略』
『日本三代実録』
『西宮記』
『日本紀略』
『御堂関白記』
〃

表7　雪の日の賜物・賜禄

年月日	記事内容
延暦11(792)年11月24日	雪が降った.近衛官人以下に物が下賜された.
延暦11(792)年11月25日	大雪になった.駕輿丁以上の者に綿が下賜された.
延暦12(793)年11月12日	大雪になった.諸司では雪を掃った.物が下賜された.
延暦14(795)年正月13日	大雪になった.公卿以下,諸衛に至るまでに綿が下賜された.
延暦16(797)年12月14日	大雪になった.諸司では雪を掃った.綿が下賜された.
延暦17(798)年11月26日	雪が降った.諸司では雪を掃った.禄が下賜された.
延暦20(801)年正月4日	曲宴があった.この日雪が降った.(中略)五位以上の者に物が下賜された.
大同3(808)年12月7日	大雪になった.(中略)五位以上の者に綿が下賜された.
弘仁8(817)年11月25日	大雪になった.左右の近衛に綿が下賜された.
天長5(828)年12月1日	雪が降った.天皇は紫宸殿で政事を聴かれた.朝政が終わって侍臣に宴を賜った.(中略)綿が下賜された.
貞観14(872)年11月8日	一晩中雪が止まなかった.右大臣以下参議以上の者は,侍従所で雪を観賞し会飲した.詔が下されて,内蔵寮の綿が下賜された.侍従の五位以上の者にも下賜された.
延長3(925)年正月14日	今朝,雪が7寸積もった.内蔵助の仲連をして,綿1,000屯を大内山御室の道俗に施した.昨日は寒く,今朝は大雪であった.
貞元元(976)年11月4日	雪が降った.深さは1尺に及んだ.諸陣の禄があった.
寛弘6(1009)年11月9日	初雪が降った.1寸にも及ばなかったが万物が白くなった.候宿していた随身らに禄を下賜した.また中宮の陣の吉上らにも禄を下賜した.
長和4(1015)年11月15日	昨日の初雪の際に出仕していた随身に禄を下賜した.

降雪を直接的な契機とする賜物・賜禄だけを取り上げた.

を取ったことが記されていない。儀式としての初雪見参の特徴は、勅や宣旨によって見参が取られて禄物が下賜されることである。そのため、これらの記事を初雪見参の事例とすることは躊躇《ちゅうちょ》される（山中裕「「初雪見参」について」）。これらについては、雪の日に賜物・賜禄が行われたことを示すもので、このような行事が初雪見参のもととなったという意味では、『政事要略』が指摘するように初雪見参の濫觴と言えよう。また、これらの記事に諸司による「雪掃ひ」が記されていることは、初雪見参の本来の意味を考えるうえで重要である（後述）。しかし、雪の日に賜物・賜禄が行われることをもって儀式としての初雪見参の初見とはできない。初雪見参の文献上の初見は、先に見た貞観二（八六〇）年閏十月二十日の事例（『日本三代実録』）とすべきであろう。

実施のきっかけ

九世紀中頃に成立した初雪見参のその後の変遷について、①儀式実施の契機、②見参を取られ禄物を下賜される対象者、③禄物の内容の三点からみていきたい。

まず、①儀式実施の契機について。前述のように、天暦蔵人式の逸文である『西宮記』巻十「侍中事」の記載では「大雪の時」とされていた。これに対して、『西宮記』巻六では「初雪降らば」とされ、巻十でも「大雪の時」の箇所に「若《も》しくは初雪か」と傍書されている。また、『政事要略』では、天暦蔵人式の式文を載せた後に、「今の行事、初雪の日、蔵人を諸陣に遣はし見参を取らしめ禄物を賜ふ」とあり、『政事要略』が成立した十一世紀初頭には、初雪が儀式実施の契機となっていたことがわかる。これらのことから、実施の契機が大雪から初雪へ変化したと考えられ、雪の中でも初雪が特別視されるようになったことを示している（目崎徳衛「王朝の雪」）。ただし、「大雪」といっても積雪一尺を基準とする大雪のことではなく、貴族たちの感覚としての「大雪」のことであり、初雪の場合でもある程度積もれば「大雪」ということになる。

対象者の拡大

次に②見参を取られて禄を下賜される対象者について。九世紀中頃から十世紀前半の実例（表6参照）では、「禁中に見在の五位以下及び諸衛府の宿直の者」（貞観二〈八六〇〉年閏十月二十日）、「六府の少将・佐已下の陣座に見在、及び五位已上の侍従所に在る者」「外記・内記」（元慶五〈八八一〉年十一月十九日）、「諸衛」（延喜十五〈九一五〉年十一月五日）、「女官」「男官」（承平元〈九三一〉年正月九日）などと一定していない。十世紀中頃の天暦蔵人式では、先に見たとおり、諸陣に加えて殿上の男女房、内侍所、主殿寮の男女官となっており、実例でも、「諸陣・帯刀陣」と「男女房・主殿・掃部の者」（応和元〈九六一〉年十一月七日）、「女房・男房」と「六衛府」（天延二〈九七四〉年十一月九日）と天暦蔵人式にほぼならっており、この頃に見参を取られて禄を下賜される対象者がほぼ固定したと言えよう。

十一世紀前半の成立とみられる『行成大納言年中行事』「十月」には、初雪見参のことが次のように記されている。

> 初雪の朝、蔵人ら仰《おお》せを奉《たてまつ》りて諸陣・所々に向き宿衣《しゅくえ》・束帯《そくたい》、ただその剋《とき》に随ふ、見参を取り奏覧し、各《おのおの》禄を給《たま》ふ。大蔵の布・内蔵の絹などを召しこれを給ふ。
>
> 女房・蔵人各絹一疋、主殿・掃部の女官信乃《しなの》布各四端、下部《しもべ》は二端、御厨子所の得選《とくせん》絹一疋、刀自各布三端、御厠人《みかわやうど》長女《おさめ》・同女豎《にょじゅ》各絹一疋、下部は各布三端、主殿の官人・官人代各絹一疋、同史生《ししょう》・案主《あんじゅ》布各四端、同今良《ごんりょう》布各二端、諸陣の府生《ふしょう》已上《いじょう》絹各一疋、番長《ばんちょう》布四端、舎人《とねり》布各二端

禄を下賜される対象者は、「女房・蔵人」「主殿・掃部の女官」「御厨子所の得選、刀自」「御厠人長女、女豎」「主殿の官人、官人代、史生、案主、今良」「諸陣の府生已上、番長、舎人」となっている。十一世紀前半の実例でも、「左右近・左右衛門・左右兵衛・帯刀等の陣」「内侍所、主殿・掃部の女官」「主殿、内豎所、御書所」と「殿上の女房、上下御厨子所の長女・刀自、造御厠人、得選」（寛仁元〈一〇一七〉年十二月七日、表6）と、

『行成大納言年中行事』とほぼ同じである。十一世紀前半には、見参を取られて禄を下賜される対象者が拡大し、御厨子所の長女や刀自、御厠人のような、下級の女官までもその対象に含まれたのである。

禄物の変化

次に③禄物の内容について。九世紀中頃から十世紀中頃までの実例（表6参照）では綿が下賜されていた（貞観二年閏十月二十日、元慶五年十一月十九日、承平元年正月九日、応和《おうわ》元〈九六一〉年十一月七日）。これが十一世紀初頭成立の『政事要略』では、「今の行事、初雪の日、蔵人を諸陣に遣はし見参を取らしめ禄物を賜ふ。（中略）但し、諸陣の官人以下、舎人以上、その禄、差あり官人は絹、番長以下は布を賜ふ。各等差あり」と、絹と布になっている。『行成大納言年中行事』でも前掲の通り絹と布であり、十一世紀前半の実例でも絹と布である（寛仁元年十二月七日）。つまり、禄物の内容が綿から絹・布に変化している。このことは、雪の日に下賜される禄物として、防寒・保温という現実的な目的にかなった綿から、儀式における禄物の典型である絹・布に変化したと考えられるのであり、初雪見参が儀式としてより整備されたことを示しているのではなかろうか。

ここまで初雪見参の変遷について①〜③の三点から見てきたが、雪の中でもとくに初雪を特別視するようになり、また、儀式として徐々に整えられていったとみることができよう。

さて、前述したように、実例で確認できる最後の初雪見参は、長久元（一〇四〇）年十一月十一日の事例である（『春記』）。院政期の古記録には初雪見参は登場しない。また、承和《じょうわ》三（一二一二）年ごろ成立の有職故実書《ゆうそくこじつ》『禁秘抄《きんぴしょう》』には、「初雪の見参は近代絶え畢《おわ》んぬ」と記されている。初雪見参は九世紀中頃にはじまり、摂関期に最盛期を迎え、なぜかはわからないが、院政期にはすでに行われなくなっていたのである。それでは、このような儀式を行う意味は何であろうか。本節の最後に初雪見参が行われた意味について考えてみたい。

儀式を行う理由

なぜ初雪見参という儀式が行われたのだろうか。元慶五（八八一）年十一月十九日の事例（『日本三代実録』）で「新雪を慶する」と記されているように、初雪を祝って人々に禄を下賜する。そのために、まずは諸陣や各所に出仕している官人らの人数を数える。これが初雪見参実施の意味の一つであろう。雪は豊年の瑞祥《ずいしょう》であり吉兆《きっちょう》であった。とくに、シーズン最初の降雪である初雪は、季節が順調にめぐっていることを、目に見える形で明確に示すものであり、順調な季節の循環は、天皇の徳のある治世の証である（中本和「初雪見参と大雪見参」）。このように、めでたい初雪を祝うという趣旨のもと、儀式としての初雪見参は開催されたのである。

しかし、天暦蔵人式で初雪見参実施の契機が「大雪の時」とされていることは、初雪見参の本来の意味が初雪のお祝いとは別にあったことを示唆する。初雪見参をめぐるこれまでの研究では、大雪という非常事態に対して衛府官人の勤怠をきびしく監察する儀式であり、大雪の際の警固としての意味合いがあったことが指摘されている（目崎徳衛「王朝の雪」）。しかし、天暦蔵人式が言う「大雪」とは貴族たちの感覚としての「大雪」であり、わずか数寸の積雪、あるいはあたりが白くなった程度の積雪でも「大雪」と認識された。そのような「大雪」は、警固を必要とする非常事態とは考えられないのではないか。それでは、なぜそのような「大雪」が初雪見参実施の契機とされたのであろうか。

初雪でも儀式を行わなかった例

ここで注目したいのは、初雪が降ったにもかかわらず、初雪見参が実施されなかった事例である。長久元（一〇四〇）年十月二十八日、初雪が降ったこの日、『春記』の記主藤原資房《すけふさ》は初雪を翫《め》でるために参内した。しかし、この日は積雪が一寸（約三センチ）にもならなかったため初雪見参は行われなかった（『春記』）。それから二十日余り後の十一月十一日、明け方から雪が降り、積雪は一尺三寸（約三九チセン）にもなった。この日は初雪見参が行われた（表6）。この日の記事に、十月二十八日の初雪の時のことが「先日、小雪あるも庭の沙《すな》を覆わざるによりて見参を取らず」と記されている（『春記』）。つまり、初雪見参は雪が降っただけでは実施されず、雪が地面を覆うくらいの、ある程度の積雪となった時に実施されるのである。このことが、初雪見参の本来の意味を考える際のポイントになると思われる。

前述したように、ある程度の雪が積もれば、各官司では儀式や政務を行うために、庭に積もったり、建物内に吹き込んで床に積もったりした雪を掃う必要がある。『類聚国史』には、「大雪」の日に諸司が雪掃いをして綿や禄を下賜されたという、奈良時代の終わりから平安時代の初め頃にあたる延暦期の史料が複数載せられている（表7）。「大雪」の日に官人たちが出仕して雪掃いを行い、その官人らに対して禄物が下賜される。これが初雪見参のもととなった行事であろう。つまり、雪掃いのための出仕とそれに対する禄物の下賜ということが、初雪見参の元来の意味と考えられる（中本和「初雪見参と大雪見参」）。初雪見参の実例で、宮中殿舎の維持・管理や清掃を担当する主殿寮・掃部寮の官人や女官が見参を取られていることは、そのことを示している。また、同じく見参を取られた諸陣の衛士《えじ》が雪掃いをしていたことは、寛弘七（一〇一〇）年十月の史料（「衛門府粮料下用注文」『平安遺文』二―四五八）に、「宣旨によりて雪掃ふ衛士六人料」とあることから確認できる。雪掃いのために自らが勤める官司に出仕し、それに対して禄物が下賜されるということが、初雪見参の本来の意味なのである。

奉仕としての雪掃い

さらに、延暦期の雪掃いの史料（表7）で注意したいことは、雪掃いをして禄物を下賜される対象が、のちの初雪見参のように特定の官司に限定されておらず、広く「諸司」とされている点である。つまり、官司に出仕して雪掃いを行い、それに対する禄物が下賜されるということは、広く諸官司の官人に対して行われていたのである。これに関連して、かなり時期がさかのぼるが、『万葉集』巻十七に収録された和歌（三九二二～二六）の題詞《だいし》が注目される。

天平十八年正月、白雪多く零《ふ》り、地に積むこと数寸なりき。時に左大臣橘卿、大納言藤原豊成朝臣《とよなりあそん》及び諸王諸臣等を率て太上天皇の御在所中宮の西院に参入《まい》り、供奉《きょうほう》して雪を掃ひき。ここに詔《みことのり》を降して、大臣参議并《あわ》せて諸王は大殿《おおとの》の上に侍《じ》せしめ、諸卿大夫は南の細殿《ほそどの》に侍せしめて、則ち酒を賜ひて肆宴《しえん》したまひき。勅して曰《のたまわ》く、「汝《なんじ》諸王卿ら、聊《いささ》かにこの雪を賦《ふ》して各《おのおの》その歌を奏せ」とみことのりたまひき。

天平十八（七四六）年正月の雪が数寸積もった日、時の左大臣橘諸兄《もろえ》は、大納言藤原豊成をはじめとした諸王・諸臣を率いて、元正《げんしょう》太上天皇の御在所へ参って雪掃いの奉仕をした。これに対して太上天皇は酒を賜り宴を行った。この出来事については、直木孝次郎氏が、その政治的意味について考察しているが（直木孝次郎「橘諸兄と元正太上天皇」）、ここでは、雪掃いが太上天皇に対する奉仕であり、左大臣をはじめとする高官も行ったことを重視したい。太上天皇は高官たちの雪掃いの奉仕に対して酒を賜り宴を開催したのであり、おそらく禄物も下賜されたであろう。

雪掃いは、雪が積もった日に、高官も含めた官人たちが行う奉仕だったのである。延暦期の史料にみられた諸司による雪掃いも奉仕であり、雪掃いの奉仕に対して禄物が下賜されたのである。そして、この行事が、宮中で行われる儀式として次第に整備されて、初雪見参になっていくのであろう。

都人の雪の遊興

雪山づくり

天皇の雪山

平安時代の都人たちは、雪の日の遊興として、しばしば雪山《ゆきやま》を作った。雪山作りは儀式・年中行事ではなく、雪の日の遊びである。そのため、天皇や中宮などの意向により突発的に開始される。また、初雪見参とは異なり、シーズン中に複数回行われることもあるし、雪山が作られる場所も内裏の各所のほか、官司、貴族の邸

出典
『河海抄』
『小右記』
『枕草子』
『春記』
『中右記』

表8　雪山の事例

年月日	記事内容
応和3(963)年閏12月20日	右衛門督（志）の飛鳥部常則に，雪を積んで蓬莱山を女房の小庭に作らせた．今日作業が終わって，常則と画所の雑色・役者三人に禄が下賜された．
寛和元(985)年正月10日	後涼殿前の南壺に雪山が作られた．その壺の南に台盤と草墪などが立てられた．伶人・風客が伺候した．みな靴や深履などを履いていた．後涼殿の東庇に班幔がかけられた．惟成朝臣が「春雪を賀す．春雪瑞を呈す」と詩歌の題をたてまつった．「春雪瑞を呈す」が題とされた．
長徳4(998)年12月	師走の10日余りの頃に，雪がたいへん降り積もっているのを，女官たちなどに縁にたくさん積ませたのだが，同じことなら庭に本当の山を作らせようということで，侍を呼び寄せて，命令したので，大勢集まって作った．雪掃いをしに来ていた主殿寮の官人なども加わって，とても高い雪山を作った．
長久元(1040)年11月12日	天皇が「御前の小庭〈朝干飯の御前〉に雪を集めて山を作ろうと思う．そのように命じなさい」と仰った．私は，蔵人の章行に言って主殿寮の官人たちを召集させた．また，諸陣の吉上を招集し，左右の衛士たちも招集した．それぞれ建物の屋根に上って宿雪を掻き集め，庭の上に積み上げた．一日中休みなく行った．
嘉保2(1095)年11月26日	白雪が高く積もってすでに7，8寸になった．（中略）また天皇の仰せがあって南殿の北壺に雪山が作られた．その高さは北の庇にまで及んだ．

宅などさまざまである。表8は、諸史料にみられる雪山の事例をまとめたものである。和歌集などにも多くの事例があるが、この表では年を特定できるもの（推測を含む）だけを掲げた。以下、天皇の命令で作られた雪山と中宮の命令で作られた雪山とに分けて具体的に見ていこう。

長久元（一〇四〇）年十一月十二日、前日の明け方から降りはじめた雪によって積雪は一尺（約三〇㌢）余りになっていた。後朱雀《ごすざく》天皇は前日と同様に釣殿《つりどの》に渡って雪見をした。二ヵ月ほど前の九月九日、それまで里内裏《さとだいり》（内裏の外に設けられた御所）としていた上東《じょうとう》門第《もんてい》（土御門第《つちみかどてい》、京極殿《きょうごくどの》）が焼亡した（『百練抄《ひやくれんしょう》』）。そのため、この時は二条第《にじょうてい》（藤原教《のり》通《みち》邸）を里内裏としていた。雪見の後、天皇は「御前の小庭朝干飯《あさがれい》の御前」に雪山を作るように命じ、藤原資房《すけふさ》は蔵人の章行《あきゆき》に命じて主殿寮《しゆでんりよう》の官人以下を呼び出し、また、諸陣の吉上《きちじょう》（左右近衛府の下級官人）や衛士《えじ》らも呼び出させた。呼び出された者たちは、それぞ

〃
『殿暦』
『永昌記』
『台記』
〃
〃
『玉葉』

嘉保2(1095)年11月30日	明け方，空がにわかに陰って白雪が舞った．（中略）また，勅があって雪山を作らせた．雲客（殿上人）が多く参入した．
嘉承元(1106)年12月3日	今夜，積雪が6寸ほどになった．天皇と中宮（篤子）とで雪山が作られた．瀧口が屋根に昇り，所衆が雪山を作った．中宮の雪山は私の随身と侍らが作った．
〃	今日，夜から雪が降り，深さは6寸になった．（中略）朝餉壺と藤壺前庭に雪山が作られた〈雲客や瀧口・所衆らが競って作った．私は中宮の方に伺候して雪山を作らせた〉．
保延2(1136)年12月4日	積雪は8，9寸ほど．夜のうちに積もり，今日は降らなった．私は雪山を作った．申の刻の終わりころに雪山を作り終えた．この後食事をした．朝から雪山を作っていたので，この時が今日初めての食事になった．今日の食事はこの一度だけであった．
久安2(1146)年12月20日	雪がたいそう降った〈洛中の殿上に9寸〉．（中略）帰宅した．雪山を築いた．
久安2(1146)年12月21日	戌の刻．雪山を作り終えた〈東西1丈5尺，南北1丈2尺7寸，高さ1丈8尺2寸〉．
安元2(1176)年12月8日	雪が降った．積雪は2寸ほどである．侍従が雪山を作った．

〈　〉は割書．

れ御殿の屋根に上り、積もった雪（「宿雪《しゆくせつ》」）を掻き集めて庭に積み上げた。この作業は一日中続けられた（『春記』）。雪山作りに、主殿寮の官人や諸陣の吉上、衛士らが動員されている点と、雪山が作られた場所が「朝干飯の御前」と称されている点に注意しておきたい。

嘉保《かほう》二（一〇九五）年十一月には二十六日と三十日の二度雪山が作られた。この時は閑院《かんいん》（白河上皇御所）を里内裏としており、二十六日は閑院の南殿《なでん》（寝殿）の北壺に雪山が作られた。積雪は七、八寸（約二一～二四チセン）ほどだったが、雪山の高さは南殿の北庇《ひさし》に達するほどであったという。四日後の三十日にも天皇の命令で雪山が作られ、多くの雲客《うんかく》（殿上人）が参上した（『中右記』）。この時の雪山は、四日前とは別の場所に作られたのかもしれない。

嘉承《かじよう》元（一一〇六）年十二月三日には、内裏に二つの雪山が作られた。一つは堀河《ほりかわ》天皇の命令、もう一つは中宮篤子《とくし》の命令によって作られたものである。この日の雪山のことは、藤原忠実《ただざね》の日記『殿暦《でんりやく》』と藤原為隆《ためたか》の日記『永昌記《えいしようき》』に記されている。中宮の雪山についてては後にみることにして、ここではまず天皇の雪山についてみてみよう。

この日の積雪は六寸（約一八チセン）ほどだった。堀河天皇が紫宸殿《ししんでん》で深雪を見た後、朝《あさ》餉《がれい》の壺で雪山作りが始まった（『永昌記』）。天皇の日常の居所である清涼殿と、その西側にある後涼殿《こうりようでん》の間の中庭は渡殿《わたどの》（渡り廊下）で南北に二分されており、そのうちの北側を朝餉の壺、南側を台盤所《だいばんところ》の壺と言った。天皇の命令によって作られる雪山は、このうちのいずれかで作られたようであるが（台盤所の壺に作られた事例は後述）、この時は朝餉の壺に作られた。雪山作りに動員されたのは瀧口《たきぐち》（蔵人所に属して禁中の警衛にあたった武士）と所衆《ところしゆう》（蔵人所の下級職員）だった。瀧口は屋根に上って積もった雪を庭へ落とし、所衆が庭で雪山を作った（『殿暦』）。

平安時代中期の長久元年の事例と院政期の嘉承元年の事例とを比べてみると、長久元年の事例では主殿寮の官人や諸陣の吉上、衛士らが雪山作りに動員されていたのに対して、嘉承元年の事例では瀧口や所衆という蔵人所に属する武士や職員に変わっていることがわかる。後述するが、鎌倉時代の有職故実書《ゆうそくこじつしよ》『禁秘抄《きんぴしよう》』でも、瀧口や所衆が中心になって雪山を作るとされている。また、長久元年の里内裏二条第での雪山作りでは、雪山が作られた御前の小庭のことが「朝干飯の御前」と称されていたが、これは内裏における雪山が朝餉の壺で作られることによるのかもしれない。

中宮の雪山

次に中宮の命令で作られた雪山をみていこう。まずは『枕草子』第八十三段「職《しき》の御曹司《みぞうし》におはしますころ、西の廂《ひさし》に」の著名な雪山の話からみていきたい。この話は一条天皇の中宮定子《ていし》が職御曹司（内裏の東北にあった中宮職《ちゅうぐうしき》の庁舎）にいたころの話であり、長徳四（九九八）年十二月から翌年の長保元年正月にかけてのことと考えられている。十二月十日すぎ、雪がたいそう降った（藤原行成《ゆきなり》の日記『権《ごん》記《き》』には十二月十日に「大雪」となったとの記述がある）。そこで女官たちに雪を建物の縁に積み上げさせていたところ、同じ山ならば庭に本当の雪山を作ろうということになった。定子の命令で呼び出された侍《さぶらい》（中宮のそば近くに仕える人）だけでなく、雪掃いに来ていた主殿寮の官人や中宮職の官人も雪山作りに加わった。当初は三、四人だった主殿寮の官人は二十人ばかりになり、自宅に戻っていた侍も、「今日この雪山を作った者には休暇を三日与える。来なかった者からは三日の休暇を取り上げる」などと言って呼び寄せられ、みんなで一緒になって、とても高い雪山を作った。雪山を作り終えると、褒美として巻絹《まきぎぬ》が与えられた。その日、天皇の使者として定子のところへやってきた式部丞《しきぶのじょう》源忠隆《ただたか》の話によると、この日は御前の壺や春宮《とうぐう》、弘徽殿《こきでん》、京極殿でも雪山が作られたという。御前の壺に作られた雪山は天皇の雪山であり、前述のように、清涼殿と後涼殿の間にある朝餉の壺か台盤所の壺に作られたのであろう。春宮の雪山は皇太子（のちの三条天皇）のところで作られた雪山、弘徽殿の雪山は女御義子《にょうごぎし》の居所で作られた雪山、京極殿は左大臣藤原道長の邸宅で作られた雪山である。この日はあちこちで雪山が作られたのである。

この後、『枕草子』では、この雪山がいつまで消えずに残っているかをめぐって話が展開していく。ここではその詳細に立ち入らないが、清少納言の予想通り、翌年の正月十日過ぎまで、つまり、ほぼ一ヵ月後まで残っていた。中宮定子の雪山が、定子のそば近くに仕える侍や、主殿寮の官人、中宮職の官人らによって、にぎやかに作られた点、また天皇や中宮だけでなく、東宮や女御の居所や、貴族の邸宅でも雪山が作られた点に注目しておきたい。

前述したように、嘉承元（一一〇六）年十二月三日には、堀河天皇の命令で作られた雪山のほかに、中宮篤子の命令による雪山も作られた。この時の中宮の雪山は、藤壺《ふじつぼ》の前庭、つまり飛香舎《ひぎょうしゃ》の前庭に作られた（『永昌記』）。天皇の雪山が瀧口や所衆といった蔵人所に所属する武士や下級職員によって作られたのに対して、中宮の雪山は、藤原忠実の随身《ずいじん》（貴人の身辺警護にあたる武官）や侍によって作られた。藤原為隆《ためたか》も中宮の方に仕えているので、為隆の随身も中宮の雪山作りに加わったのであろう。

雪山の作り方

雪山の作り方の詳細は、鎌倉時代の有職故実書『禁秘抄』に、次のように記されている。

> 年内の雪には催しを蒙《こうむ》りて所衆・瀧口ら参る。春の雪は沓《くつ》の鼻隠れば必ず参るべし。大内には藤壺弘徽殿なり。里内は便宜に依る。蔵人、修理職《しゅりしき》に下知して屋具を儲《もう》く。雪の足らざる時は諸御願寺《ごがんじ》に召され、執行《しぎょう》これを奉る。瀧口、衛士及び取夫を相具し、殿上の舎に上って棟に雪を抛《ほう》る。所衆、雪山を作る。瀧口の上臈《じょうろう》三人、所衆の上臈三人、庭に立ちて奉行す。柄振《えぶり》を持つ。蔵人頭、簀子《すのこ》に候して奉行す多くは直衣《のうし》。蔵人、便所《びんしょ》に候して事を伝ふ。修理職、屋を作る。

これによると、雪山を作る場所は、内裏の場合は藤壺や弘徽殿で、ここまで見てきた中宮や女御の雪山の事例と合致している。また、修理職が作る仮屋は雪山見物のためのものと考えられている（目崎徳衛「王朝の雪」）。雪が不足する場合は御願寺から調達することとされている。実例では、静賢《じょうけん》（信西《しんぜい》の子）が執行（寺の事務を管掌する役）を勤める法《ほっ》勝寺《しょうじ》の雪が後白河院に献上されたことが、次の歌からうかがえる。

> 同じ雪の朝、静賢法印の房に、院より雪山の雪を召されて、上の雪などをかき落としつ、参らせつるを見て、誰ともなき、文を投げ入れたりけるを開けて見れば

消え行くを惜しむ宿だに有るものをはらひてけりな雪のうはぶき
（『拾玉集』五一四五）

『拾玉集《じゅうぎょくしゅう》』は慈円《じえん》の私家集《しかしゅう》（個人の歌集）である。いずれは消えてしまう雪を惜しいと思っていたのに、院の命令でその雪を掃ってしまった残念さが感じられよう。

さて、『禁秘抄』によると、瀧口が衛士と取夫（人夫）をともなって建物の屋根に上がり、棟から雪を投げ落とし、庭にいる所衆が雪山を作る。瀧口の上臈《じょうろう》（上席者）三人と所衆の上臈三人は庭に立って差配する。その際、柄振《えぶり》を持つ。蔵人頭は簀子で差配し、蔵人はそれぞれ適切なところで指示を伝えるとある。蔵人の指揮のもとで、瀧口と所衆が中心となって作業を行っていることがわかる。瀧口と所衆の上臈三人が手に持つとされる柄振は、長い柄の先に横板を付けた農具で、地面を平らにならしたり、穀物などを掻きよせたりするのに使われた。雪山作りでは、雪を掻きよせ、掻き集める道具として使われたのであろう。まさに「雪掻き」の道具である。

図8　柄振（『広辞苑』掲載図より）

ところで、前掲した『禁秘抄』の「年内の雪には催しを蒙りて所衆・瀧口ら参る。春の雪は沓の鼻隠れば必ず参るべし」という記述からは、「春雪《しゅんせつ》（年が明けてから降った雪）の場合は催促がなくても沓の鼻が隠れるくらい雪が積もったら必ず参上すべきである」という、雪の朝の心得のようなものがうかがえる。これに関連して藤原定家《ていか》の日記『明月記《めいげつき》』の正治《しょうじ》二（一二〇〇）年正月十九日の記事が興味深い。

雪の朝の心得

この朝、定家が仕える九条兼実《かねざね》は、法性寺《ほっしょうじ》に行くと前夜に言っていたにもかかわらず、人々が遅参《ちさん》したことを怒り、次のように譴責《けんせき》した。

雪の朝参《ちょうさん》、更に威儀《いぎ》を具すべからず。ただ一人、天曙《てんしょ》に随ひ打ち出で参るべし。中将、随身・共人の具すを待ちて遅来の条、甚だ見苦し。相府の遅々、惣じて数奇《すうき》の心の無きの故なり。壮年・若年の人、皆此《かく》の如し。心中已《すで》に冷然たり。仍《よっ》て法性寺に向くべからず。随身どもの遅参、言う甲斐なし。雪の朝、更に催しを待つべからず。払《ふっ》暁《ぎょう》、毛沓を着け参入し、必ずエフリを持つべし。しかるに、尋ね求めらるの後、ただ出来《しゅったい》し、雪山のことを召し仰せられて、エフリ給ふべきの由これを申すは、尾籠《びろう》中の尾籠なり。

兼実は、雪の朝の参上は威儀が整うのを待たずに、一人であってもただちに参上すべきであるとして、遅れてきた者たちを見苦しいとか、数奇の心がないなどとして、「すっかり心が冷めてしまったので、法性寺へ行くのをやめる」と言い、さらに、雪の朝は催促を待たずに、早朝に毛沓を履いて、必ずエフリ（柄振）を持って参入すべきであり、求められてから出てきて、雪山のことを命じられてから柄振を準備するなどと言うのは、尾籠中の尾籠だと厳しい。雪が積もった朝には必ずや雪山のことがあるのだから、催促が来るのを待たずに、気を利かせた行動をすべきだ。これが兼実が考える雪の朝の心得なのであろう。

技巧を凝らした雪山

雪山の中には、単に雪を積み上げて山を作るだけではなく、さまざまな技巧を凝らしたものもあった。時代がさかのぼるが、『万葉集』には、大伴家持《やかもち》が越中守として赴任していた時に作られた雪の岩山のことがみえる。

天平勝宝三（七五一）年正月三日、四尺（約一二〇センチ）もの積雪にもかかわらず、国司たちは介《すけ》の内蔵忌寸縄麻呂《くらのいみきなわまろ》の館《たち》に集まって宴会を開いた（プロローグ）。

時に積雪をもって重巌《ちようがん》の起《た》てるを彫り成し、奇巧をもって草樹の花を綵《いろど》り発《ひら》く。
これに属《つ》きて掾《じよう》久米朝臣広縄《くめのあそんひろなわ》の作りし歌一首

なでしこは秋咲くものを君が家の雪の巌《いわお》に咲けりけるかも（巻十九—四二三一）

題詞によると、積もった雪で幾重にも重なる岩山を作り、それに細工をして草木の花を彩り咲かせたとある。雪で作った岩山に造花を挿したのであろうか（『新日本古典文学大系　萬葉集　四』）。久米広縄の歌によると、花はなでしこに見立てられている。

『源氏物語』の古注釈『河海抄《かかいしょう》』巻九には、応和三（九六三）年閏十二月二十日に作られた雪山のことが記されている。それによると、飛鳥部常則《あすかべのつねのり》に命じて蓬萊山《ほうらいさん》を象《かたど》った雪山を女房の小庭に作らせ、完成後、常則と画所《えどころ》（宮廷の絵画・彩色などを担当した部署）の雑色《ぞうしき》（下級職員）らに禄が下賜されたという。飛鳥部常則は当世一流の画人であり、彼が画所の雑色を率いて作成した蓬萊山を象った雪山は、技巧が凝らされた、さぞすばらしい作り物だったとみられる（目崎徳衛「王朝の雪」）。

富士山を模した雪山が作られることもあった。平安中期の公卿藤原公任《きんとう》の家司《けいし》（家政を担当する職員）とみられる橘行頼《ゆきより》の部屋の前に作られた高い雪山には煙が立てられ、さらに雪が激しく降っていたので唐傘《からかさ》をさして覆った（「公任集」二十七詞書）。どのような方法で煙を表現したのかは不明だが、富士山を模した造形とみられている（『新日本古典文学大系　平安私家集』）。雪山を富士山に見立てて煙を立てる事例は『狭衣物語《さごろもものがたり》』巻二にも

図9　雪の白山（高山市役所提供）

みられる。

都のうちの白山

都人たちによって作られた雪山は、越《こし》（北陸地方）の白山《はくさん》（石川・岐阜県境の山）に見立てられることもあった。先に嘉保二（一〇九五）年十一月二十六日に、当時里内裏だった閑院の南殿《なでん》（寝殿）の北壺に雪山が作られた事例をみたが（九六ページ）、次に掲げる周防内侍《すおうのないし》の歌はその際の雪山のことを詠《よ》んだ可能性がある。

　堀川院、位におはしましける時、南殿の北面に雪山作らせ給ふよしを聞きて、内なる人に申しつかはしける　周防内侍

ゆきて見ぬ心のほどを思ひやれ都のうち

の越《こし》の白山《しらやま》

返し　中宮上総《かずさ》

来ても見よ関守すゑぬ道なれば大内山に積もる白雪《しらゆき》

（『新後拾遺和歌集《しんごしゅういわかしゅう》』八二九・八三〇）

「南殿の北面」に作られた雪山を「都のうちの越の白山」と詠んでおり、雪山を白山に見立てていることがわかる。また、「公任集」には次のような歌が収録されている。

久しう里なるころ、雪の山つくり給ふたりと聞きて奉《たてまつ》りける

おぼつかな今もむかしも音にただ名をのみぞ聞く越の白山

返し

白山をよそにおもはば我が宿を今はうしとやおもひなりぬる

（「公任集」一八〇・一八一）

公任の邸宅で雪山が作られたと聞いて、里下りしていた源兼澄《かねずみ》の娘は「評判にだけ聞いていて見たことのない越の白山を見そびれてしまった」と残念がっている。これに対して公任は、「あなたは白山を自分には関係のないもの決め込んで、もう私のもとにはやってこないつもりなのですか」と返し、「残念がってばかりいないで雪山（白山）を見に来れ

料金受取人払郵便

本郷局承認

5788

差出有効期間
2025 年 1 月
31 日まで

郵便はがき

1 1 3-8 7 9 0

東京都文京区本郷 7 丁目 2 番 8 号

吉川弘文館 行

愛読者カード

本書をお買い上げいただきまして、まことにありがとうございました。このハガキを、小社へのご意見またはご注文にご利用下さい。

お買上**書名**

＊本書に関するご感想、ご批判をお聞かせ下さい。

＊出版を希望するテーマ・執筆者名をお聞かせ下さい。

お買上書店名	区市町	書店

◆新刊情報はホームページで　http://www.yoshikawa-k.co.jp/

◆ご注文、ご意見については　E-mail:sales@yoshikawa-k.co.jp

ふりがな ご氏名		年齢　　歳　男・女
〒 □□□-□□□□		電話
ご住所		
ご職業		所属学会等
ご購読 新聞名		ご購読 雑誌名

今後、吉川弘文館の「新刊案内」等をお送りいたします(年に数回を予定)。
ご承諾いただける方は右の□の中に✓をご記入ください。 □

注文書

月　日

書　名	定　価	部　数
	円	部
	円	部
	円	部
	円	部
	円	部

配本は、○印を付けた方法にして下さい。

イ. 下記書店へ配本して下さい。
(直接書店にお渡し下さい)

(書店・取次帖合印)

書店様へ=書店帖合印を捺印下さい。

ロ. 直接送本して下さい。
代金(書籍代+送料・代引手数料)は、お届けの際に現品と引換えにお支払下さい。送料・代引手数料は、1回のお届けごとに500円です(いずれも税込)。

＊お急ぎのご注文には電話、FAXをご利用ください。
電話 03−3813−9151(代)
FAX 03−3812−3544

ばよいではないか」と詠んでいる（『新日本古典文学大系　平安私家集』）。

平安時代の都人にとって、真っ白な雪の山といえば、何といっても越の白山だった。多くの都人が雪の白山を歌に詠んだ。いくつか取り上げてみよう。

大江千古《おおえのちふる》が、越へまかりける餞別《むまのはなむけ》によめる　藤原兼輔《かねすけ》朝臣

きみが行《ゆ》くこしのしら山しらねども雪のまに〳〵あとはたづねむ

（『古今和歌集《こきんわかしゅう》』三九一）

越の国へまかりける時、白山《しらやま》を見てよめる　躬恒《みつね》

消えはつる時しなければ越路《こしじ》なるしら山の名は雪にぞありける

（『古今和歌集』四一四）

宗丘大頼《むねおかのおおより》が、越よりまうで来たりける時に、雪の降りけるを見て、己《おの》が思ひは、この雪のごとくなん積れると言ひける折に、よめる

きみがおもひ雪とつもらば頼まれず春より後《のち》はあらじと思へば

返し　宗岳大頼

君をのみ思ひこし路《ぢ》の白山《しらやま》はいつかは雪のきゆる時ある

（『古今和歌集』九七八・九七九）

式部卿敦美《あつみ》の親王《みこ》しのびて通ふ所侍《はべり》けるを、のちく〳〵絶えぐ〳〵になり侍ければ、妹の前斎宮《さいぐう》の親王のもとより「この頃はいかにぞ」とありければ、その返事《かえりごと》に、

女

白山《しらやま》に雪降りぬれば跡《あと》絶えて今はこし地《ぢ》に人もかよはず

（『後撰和歌集《ごせんわかしゅう》』四七〇）

白山の不思議

少し横道に逸れるが、白山に関する不思議な話を紹介しよう。比叡山延暦寺の地主神日吉《ひよし》神社（現在の日吉大社。滋賀県大津市）は、大宮《おおみや》と二宮《にのみや》の二つの本殿を中心として、上・中・下各七社計二十一社の本社・摂社《せっしゃ》とそのほかの末社群から構成されている。上七社のうちの一つが客人宮《まろうどのみや》（白山宮）である。客人宮は白山の神を勧請した社で、鎌倉時代の説話集『古事談《こじだん》』に次のような不思議な話が収録されている。

日吉の客人宮は白山権現《ごんげん》と云々《うんぬん》。ある人の夢想によりて小社を造りて、祝ひ居ゑ《す》奉る所なり。而して慶命《きようみよう》座主《ざす》の時、「指《さ》せる証拠無ければ、詮無《せんな》き小社なり。また御坐《おわしま》すべくは、不思議を示さるべし」と云々。件《くだん》の夜、座主の夢に入りて、託宣の旨等あり。後朝、小社の上許《ばか》り、白雪一尺許り積りたりけり。六月と云々。その後、霊験

図10　日吉大社の客人宮（白山宮）（日吉大社提供）

掲焉《けちえん》と云々。

（『古事談』巻五―一八）

日吉神社の客人宮は白山権現であるという。ある人の夢想によって小さな社を作って祭ったものである。ところが、慶命座主の時に、「さしたる霊験もないので無益な小社だ。また祭るのであれば不思議を示せ」とのことであった。その夜、座主の夢に託宣があった。翌朝、客人宮の上にだけ、白雪が一尺（約三〇チセン）ほど積もっていた。六月のことであった。その後の霊験は著しかったという。慶命は長元元（一〇二八）年に天台座主になった僧である。この説話で白山権現が示した不思議が、六月に客人宮の上にだけ雪を降らせるということであったことは、白山と雪を結び付けて考える都人の思考パターンを示していよう。さきに、『枕草子』の雪山作りの話を取り上げたが、雪山が正月十日過ぎまで消えずに残っていると予想した清少納言は、十二月二十日ころに雨が降った際に「白山の観音これ消えさせ給ふな」と祈った。都人にとって、雪と言えば白山なのである。

治承元（一一七七）年四月、白山宮の衆徒《しゅと》が、白山七社の一つ佐羅宮《さらのみや》の神輿《みこし》を奉じて上洛し強訴《ごうそ》した。加賀守近藤師高《もろたか》（後白河法皇の側近西光《さいこう》の子）の弟で目代《もくだい》（国司の代理人）の師経《もろつね》が、加賀馬場《ばんば》（白山の登拝路の一つ）の中宮八院の一つ湧泉寺《ゆうせんじ》に馬を乗り入れ、焼き払ったのが事件の発端であった。白山宮の神輿が上洛するのはこれが初めてであった（下出積與『白山の歴史』）。この年は六月になっても暑くならず、都の人々は「白山の神のせいだ」とうわさした（『百練抄』治承元年六月九日）。白山の深い雪のイメージが冷夏に対する恐れと重なり合ったのであろう（浅香年木『北陸の風土と歴史』）。

雪山を作って何をしたのか

さて、話を雪山に戻そう。都人たちは雪山を作って何をしたのであろうか。寛和《かんな》元（九八五）年正月十日、内裏の後涼殿前の南庭、つまり台盤所の壺に雪山が作られた（『小右記《しょうゆうき》』、表8）。台盤所の壺の南側には、台盤（食べ物を盛った盤を置く台）や草墪《そうとん》（敷物）が置かれ、後涼殿の東庇には斑幔《はんまん》（二色の色を交互にはぎ合わせた横長の垂れ布）が懸けられた。また、靴や深履を履いた伶人《れいじん》（雅楽の楽器を演奏する人）や風客《ふうかく》（詩人・文人）が仕え、「春雪瑞を呈す」を主題とした作文《さくもん》（詩作）が行われた。貴族たちは、台盤所の壺に作られた雪山を前にして、雅楽の演奏を聴いたり、文人らによって漢詩が作られたりしたのである。雪山を前にして和歌が詠まれることもあった。文学作品だが、『栄花物語《えいがものがたり》』には、長久三（一〇四二）年十一月に、後朱雀天皇が雪山を作らせて人々に歌を詠ませたことが記されている（巻三十四）。また、『続古今和歌集』には、次のような後朱雀天皇の歌が収録されている。

雪のいと降り積もりて侍《はべり》けるを山のかたに作らせ給ふけるに、上の男《おのこ》ども歌つかうまつり侍ければよませ給ひける　　後朱雀院御歌

天地《あめつち》もうけたる年のしるしにや降る白雪《しらゆき》も山となるらむ

（『続古今和歌集』一八八二）

さらに、『続拾遺和歌集』には歌人周防内侍《すおうのないし》が、台盤所の壺に作られた雪山を見て詠んだ次の歌が収録されている。

台盤所の壺に雪の山つくられて侍ける朝《あした》、よみ侍ける　　周防内侍

あだにのみつもりし雪のいかにして雲居《くもい》にかゝる山となりけむ

（『続拾遺和歌集』四五八）

ここまで見てきた雪山とはまったく趣を異にする雪山が、院政期の左大臣藤原頼長《よりなが》が若い頃に作った雪山である。

藤原頼長の雪山

保延《ほうえん》二（一一三六）年十二月四日、前夜の降雪により八、九寸（約二四〜二七チセン）ほど雪が積もっていたが、この日は晴れていた。頼長は雪山を作り、申《さる》の刻の終わりころ（午後五時近く）に作り終えて食事をした。史料には記されていないが、この頃居住していた大《おお》炊御門《いみかど》高倉邸（藤原実能《さねよし》邸）の庭で雪山を作ったのであろう（橋本義彦『藤原頼長』）。朝から雪山を作っていたので、この時が最初の食事で、この後も何も食べず、この日の食事はこれ一度きりであった（『台記《たいき》』）。朝から夕方まで、食事もせずにぶっ通しで雪山を作っていたということになる。誰かと一緒に作ったという記述もないので頼長は一人で雪山を作ったようだ。この時、頼長は十七歳。朝から休むことなく、一人で黙々と雪山を作った。五日後の十二月九日、頼長は内大臣に任じられた。

十年後の久安《きゅうあん》二（一一四六）年十二月二十日、大雪となり、都では雪が九寸（約二七チセン）積もった。頼長は、辰《たつ》の刻（午前八時ころ）に船岡山《ふなおかやま》へ雪見に行き、帰宅後に雪山を作りはじめた。今回は十年前とは異なり、ぶっ通しというわけではなく、途中で参内して弓場《ゆば》始《はじめ》の儀式に参加したりしている。雪山は、翌二十一日の戌《いぬ》の刻（午後八時ころ）に完成した。頼長の日記『台記』には、雪山の大きさが記されている。東西一丈五尺（約四・五メートル）、南北一丈二尺七寸（約三・八一メートル）、高さ一丈八尺二寸（約五・四六メートル）であった。この記述からすると、雪山の形状は立方体か四角錐だったのだろうか。今回の雪山作りも、一緒に作った人物の記述がないので一人で黙々と作ったようだ。

図11　藤原頼長（『天子摂関御影』宮内庁三の丸尚蔵館蔵より）

頼長の雪山は、『枕草子』にみられたような、多くの人たちが参加して、みんなで一緒ににぎやかに雪山を作り、作られた雪山を前にして雅楽の演奏を聴いたり、漢詩を作ったり、和歌を詠んだりする雪山とはまるで異なるものだった。頼長の雪山作りは、自らの気力・体力を錬磨するかのようである。この二種類の雪山の差異に、時代の変化を読み取る興味深い見解もある（目崎徳衛「王朝の雪」）。

雪の仏

本節の最後に、雪山ではないが雪で作られた仏像について見よう。平安時代後期の女官で歌人の康資王母《やすすけおうのはは》（四条宮筑前《しじょうのみやちくぜん》）の私家集「康資王母《やすすけおうのはは》集《しゅう》」には、雪で作った仏のことが詠まれている。

同じ聖《ひじり》の、雪を丈六の仏につくり奉りて、供養しつるよし言はれて、かく

いにしへの鶴の林の御雪《みゆき》かと思ひとくこそあはれなりけれ

返し、ほど経て

日にそへて雪の仏は消えぬらむそれも薪《たきぎ》の尽きぬとや見し

（「康資王母集」一三六・一三七）

前者の歌は南北朝期成立の勅撰和歌集『新拾遺和歌集』に採録されており、詞書の「聖」は瞻西《せんさい》のことである。瞻西は天台宗の僧で、藤原宗忠《むねただ》や源俊房《としふさ》らがしばしば法会《ほうえ》に請《しょう》じた。平安時代後期には、雪で仏像を作り、供養していたことがわかるが、雪の仏像がどのような形状のものであったのかは不明である。返しの歌では、雪の仏が解けて消えることを、薪が尽きること、つまり釈迦の入滅《にゅうめつ》と重ねている。

雪の仏は、時代が下るが、鎌倉後期の随筆集『徒然草《つれづれぐさ》』にもみえる。

人間の営みあへるわざを見るに、春の日に雪仏《ゆきぼとけ》を作りて、そのために金銀・珠玉の飾りを営み、堂を建てんとするに似たり。その構《かま》へを待ちて、よく安置してむや。人の命ありと見るほども、下より消ゆること、雪のごとくなるうちに、営み待つ事甚だ多し。

（人間の、互いに励みあっている仕事を見ると、春の日のもとで雪仏を作って、その雪仏のために金銀や珠玉の飾りをとりつけ、御堂を建てようとするのに似ている。その御堂のできあがるのを待って、うまく雪仏をあがめ据えることができるであろうか。人の命がまだあると思っているうちにも、下から消えてゆくことは、まるで雪のようであるが、そのなかで勤め励んで期待することが、まことに多いものである。）

（『徒然草』下、第百六十六段）

人生のはかなさを、いつの間にか下から解けていく春の日に作った雪仏に例え、その中で懸命に生きる無常が説かれている。

雪見

雪景色を楽しむ

雪見は文字通り雪景色を眺め賞する遊興である。真っ白な雪に覆われた風景を見て感激する心境は昔も今も変わらないものだろう。管見の限り、確実に雪見の事例とできる初見史料は『御堂関白記』長和《ちょうわ》五（一〇一六）年十二月八日条の「この朝雪下《ふ》る。五寸ばかり。所々の見参を取る。桂家に行きて雪を見る」という記述である。雪が五寸（約一五㌢）ほど積もって初雪見参が行われたこの日、藤原道長は「桂家」に行って雪見をしている。「桂家」は、長和二年に造営が命じられ、翌年には完成していたとみられる桂山荘《かつらさんそう》のことであり、道長はしばしばこの山荘に赴いている（倉本一宏『藤原道長の日常生活』）。

当然のことながら、雪見はこれ以前にもあった。大宰府に左遷された菅原道真は、雪見に行くことも許されない身の上を嘆いている（『菅家後集《かんけこうしゅう》』「東山小雪」）。また、さかのぼって『万葉集』に収載された柿本人麻呂《かきのもとのひとまろ》の「矢釣山木立《やつりやまこだち》も見えず降りまがふ雪につどへる朝楽《あしたたの》しも（矢釣山には木立も見えないくらい降り乱れている。雪見に集まって来た朝の楽しさよ）」（巻三―二六二）の歌は、雪見に集まった人々が行った酒宴の歌と解されている（『新日本古典文学大系　萬葉集一』）。『万葉集』には光明皇后《こうみょうこうごう》が聖武《しょうむ》天皇に奉った「我が背子《せこ》と二人見ませばいくばくかこの降る雪の嬉しからまし（我が君とふたりで見るのだったら、どんなにかこの降る雪は嬉しかったことでしょう）」（巻八―一六五八）という歌も収録されており、二人で雪を見るうれしさが歌われている。

雪見に関する史料は平安中期以降に多く見られる。それらを見ると、遠出せずに、邸宅の庭に降り積もった雪を観賞する雪見や、先に挙げた道長の桂山荘への雪見のように、郊外へ出かけて雪景色を眺望する雪見など、多様な雪見があったことがわかる。また、雪見の名所もあったようだ。さまざまな雪見の事例を見てみよう。

天皇の雪見

長久元（一〇四〇）年十月二十八日、初雪が降った。早朝、藤原資房《すけふさ》は初雪を翫《め》でるために、この時里内裏《さとだいり》としていた二条殿《にじょうどの》（藤原教通《のりみち》邸）に参内し、ほかの侍臣二、三人とともに池に浮かべた舟に乗った。とても風流な様子だったという。後朱雀天皇は釣殿《つりどの》に渡ってこの風流を見て、蔵人二、三人を舟に乗せ、しばらくして戻った（『春記』）。このシーズンは、翌月の十一月十一日に積雪が一尺三寸（約三九センチ）に及ぶ大雪となり、天皇は十一・十二日と二日連続で釣殿に渡って雪見をした。『春記』の十一日の記事には、「雪色皓然《こうぜん》、風流の勢い、いよいよ以て優美なり」とある。

嘉保《かほう》二（一〇九五）年十二月十六日、早朝、白雪が乱れ散った。堀河天皇は里内裏としていた閑院《かんいん》の西釣殿に渡り、中宮の女房たちは池に浮かべた舟に乗った。左馬頭《さまのかみ》師隆《もろたか》と藤原宗忠は舟の前後で棹を二、三回さした。宗忠はこの時の様子を「緑の池は水を一杯に湛え、白い雪が乱れ降っている。遊興の心は記し尽くすことができない」と述べている（『中右記』）。このシーズンは前月の十一月二十六・三十日にも雪が降り、天皇は同じく西釣殿に渡って池のほとりの雪を見た（『中右記』）。

嘉承《かじょう》元（一一〇六）年十二月三日、前日の夜から雪が降り、積雪は六寸（約一八センチ）ほどになった。堀河天皇は紫宸殿《ししんでん》で深雪を見た。南庭に積もった雪を見たのであろう。この日、殿上人八、九人は船岡山《ふなおかやま》へ雪見に行き、白河上皇は「桂河胡賀《こが》辺」へ雪見に行った（『永昌記』）。

天皇はもっぱら内裏や京内の里内裏での雪見である。池に浮かべた舟に蔵人や女房らを乗せて、池のほとりに積もった雪を見て風流を楽しんでいたようである。

白河上皇の小野雪見御幸

天皇の雪見が内裏や京中の里内裏に限られていたのに対して、院（上皇・法皇）や貴族たちは郊外へも雪見に赴いている。とくに白河上皇（のち法皇）は、堀河天皇に譲位した二年後の寛治二（一〇八八）年から、

図12　白河上皇の雪見（『小野雪見御幸絵巻』東京藝術大学大学美術館蔵より）

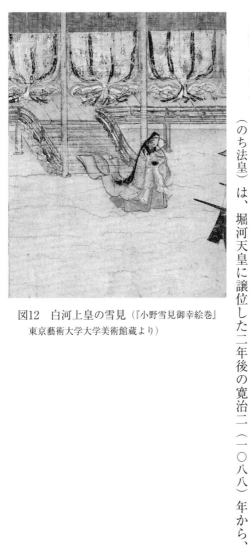

没する前年の大治三（一一二八）年まで、確認できる限り十七回雪見に出かけており、郊外への御幸《ごこう》も多い。また、シーズン中に複数回雪見に行くこともあった。上皇の雪見には時の摂政や大臣らも参向し、行先は白河が七回で一番多く、北野や小野へも行った（表9）。十七回の雪見のうち、寛治五（一〇九一）年十月二十七日の「白川幷《なら》びに小野の辺」への雪見（『中右記』）は、『今鏡《いまかがみ》』『古今著聞集《ここんちょもんじゅう》』『十訓抄《じっきんしょう》』などに収録されている著名な小野雪見御幸の説話に関する記録とみられている。ほぼ同じ内容の説話だが、ここでは、平安時代末期の歴史物語『今鏡』によって、白河上皇の雪見の様子をみてみよう。少し長くなるが説話の内容を次に掲げる。

　雪が積もった朝、白河院の御幸があるのではないかと思ったある殿上人《てんじょうびと》が、馬を引かせて参上すると、上皇は「良い雪だ」と仰せられて、雪見をしようとお思いにな

出　典
『中右記』
『後二条師通記』
〃
『中右記』
〃
〃
〃
『中右記』『殿暦』
『永昌記』
『中右記』
『殿暦』
〃
『中右記』
〃
『百練抄』
〃
『中右記目録』

表9　白河上皇の雪見

年月日	訪れた場所	備　考
寛治２(1088)年正月８日	白河辺	左右大将（藤原師通・源顕房）が騎馬し先導した.
寛治２(1088)年12月11日	八条程	
寛治５(1091)年正月８日	北山	藤原師通が参向した.
寛治５(1091)年10月27日	白川幷小野辺	小野雪見御幸の記事とする説あり.
寛治５(1091)年12月15日	北野	
寛治６(1092)年12月24日	白河	
嘉保２(1095)年11月26日	鳥羽殿	白河より北野を経由した.
長治元(1104)年12月23日	右近馬場	右大臣殿（藤原忠実）が参向した.
嘉承元(1106)年12月３日	桂河胡賀辺	
天仁元(1108)年11月25日	鳥羽	藤原忠実が参向した.
永久４(1116)年12月２日	不詳	藤原忠実は物忌により不参. 忠通が参向した.
永久５(1117)年正月22日	白河	藤原忠実, 忠通ともに不参.
元永２(1119)年12月27日	白河辺	人々が追って参仕した.
保安元(1120)年正月21日	鴨河	
天治元(1124)年２月10日	白河辺	内大臣（有仁）以下が騎馬し先導した.
大治元(1126)年12月16日	白河殿	摂政（忠通）以下が騎馬し扈従した.
大治３(1128)年12月21日	白河	

り、その随身《ずいじん》一人をお供にしてにわかにお出かけになった。北山の方へ向かわれたので、その随身はふと、「もしや小野の后《きさき》が山に住まわれている所へ行かれるのではないか」と思った。そこで、小野の后のもとへ「上皇様がにわかにお忍びでお出かけになりました。そちらへお渡りになるかもしれません」と知らせた。すると、小野の后は準備をされて、法華堂で三昧僧《さんまいそう》に静かに誦経《ずきょう》させたり、庭の上の雪を踏ませないようにしたりした。また、十着ほどの打出《うちいで》の衣《きぬ》（裾や袖口を御簾《みす》の下から出す衣）を、中から切って、二十の袖を出すように用意された。女房が「もし上皇様が中に入って御覧になったら見苦しいのではないですか」と言ったが切って出した。やがて上皇がお越しになり、階隠《はしがくし》の間（階段の前に庇をつけた場所）に御車を寄せて庭の雪を楽しまれた。

そのようにしているうちに、汗衫《かざみ》（童女の正装）を着た童《わらわ》が二人、一人は御酒《みき》の入った銀の銚子を持ち、もう一人は銀の折敷《おしき》に金の杯と、酒の肴《さかな》の大柑子《おおこうじ》を載せておだしした　出ししたので、お供の殿上人がそれを取って上皇に差し上げた。とても行き届いたもてなしであった。上皇がお帰りになってから、女房たちが「うまい具合に中を御覧にならずに帰られましたね」と言うと、小野の后は「雪見にお越しになって中に入る人などいましょうか」とおっしゃった。

その後、上皇からのお使いがあり、「山での生活をとても気の毒に思っていましたが、打出の衣などご用意なされて、たくさん持っておられましたね」と言って、美濃国の荘園の券契《けんけい》（土地などの財産に対する権利を示す証拠文書）を給わった。小野の后にお仕えしている男女みんながそれを望んだが、上皇の御幸を告げ知らせに来た随身にお預けになったとのことだ。

（『今鏡』巻四「藤波の上」小野の御幸）

この説話に登場する小野の后とは藤原教通《のりみち》の娘歓子《かんし》のことである。歓子は後冷泉《ごれいぜい》天皇の皇后となり、天皇の死後剃髪《ていはつ》して小野の里に閑居していた。小野は比叡山の麓の山里で、貞観十四（八七二）年に、文徳天皇の皇子惟喬《これたか》親王が病により出家し幽棲《ゆうせい》したところでもある。『伊勢物語』には「比叡の山の麓なれば、雪いと高し」（第八十三話）と記されている。

白河上皇の雪見御幸にあたって、歓子の居所では、随身（『十訓抄』では下毛野敦季《しもつけぬのあつすえ》とする）が機転を利かせていち早く連絡したこともあり、寝殿を打出の衣で装飾したり、金銀の銚子や杯を用意したりと、行き届いたもてなしができた。注目されるのは、歓子が女房たちに「雪見にお越しになって中に入る人などいましょうか」と言ったように、上皇が寝殿に上がることなく、階隠の間に寄せた御車に乗ったまま庭の雪を観賞し、酒を飲んで帰ったことである。歓子の発言からすると、このような雪見が一般的だったともみられ、「いわゆる雪見酒は屋内に宴席を設けるものではなかった」とする見解もある（目崎徳衛「王朝の雪」）。しかし、同じ『今鏡』巻四「藤波の上」の「伏見の雪の朝《あした》」では、橘俊綱《としつな》が自邸の伏見邸での雪見の際に、関白藤原師実《もろざね》をもてなすために宴席の準備をしている。屋内での酒宴も当然あったであろう。なお、この時の白河上皇の小野への雪見御幸を題材として、のちに『小野雪見御幸絵巻』（一一九ページ図12）が作成された（梅津次郎「小野雪見御幸繪詞」）。

船岡山の雪見

雪見をしたのは天皇や上皇だけではない。藤原道長が桂山荘へ雪見に行ったように、貴族たちも雪見をした。ここでは院政期の貴族たちの雪見についてみてみよう。藤原忠実《ただざね》の日記『殿暦《でんりやく》』や、その子頼長《よりなが》の日記『台記《たいき》』には、彼らによる雪見の様子が記録されている。

天晴《てんせい》。卯剋《うのこく》、雪を見るため船岡に向く。威徳《いとく》を相具す。余《よ》、北野辺に乗馬し、船岡に昇る。その辺を廻り、則《すなわ》ち還り了《おわん》ぬ。

（『殿暦』康和五〈一一〇三〉年十二月二十四日条）

時の右大臣藤原忠実は、子の忠通《ただみち》（「威徳」）を伴って平安京北郊の船岡山へ雪見に行った。忠実は北野のあたりで乗馬して船岡山に登り、ひとまわりして帰っている。この時、忠実は二十六歳で、二年後の長治二（一一〇五）年に堀河天皇の関白に就任する。ちなみに忠通はこのとき七歳である。忠実は前年の康和四年にも忠通を連れて船岡山へ雪見に行っている（『殿暦』康和四年十一月十一日条）。この時も船岡山の麓で下車して馬に乗っている。乗馬して船岡山に登ったのであろう。

図13　船岡山

大いに雪雨《ふ》る洛中の殿上九寸。辰刻《たつのこく》、舟岳に向き眺望す。

（『台記』久安二〈一一四六〉年十二月二十日条）

この日、平安京の積雪は九寸（約二七チセン）に及んだ。時の内大臣藤原頼長は船岡山へ行き、都の雪景色を眺望している。頼長は二十七歳。船岡山で雪見をした後帰宅し、雪山を作った。高さ一丈八尺二寸（約五・四六メートル）にもなる雪山は、翌日完成した（一一三ページ）。

藤原忠実・頼長が雪見を楽しんだ船岡山は、平安京の北郊にある高さ一〇〇メートルほどの小さな丘である。『枕草子』に「岡は船岡」（第二百三十二段）とあるように、平安時代の貴族たちの遊宴《ゆうえん》の場となり、春には子日遊《ねのひのあそび》の小松引きや若菜摘みなどが行われた。忠実・頼長以外の貴族も船岡山へ雪見に行っている（『永昌記』嘉承元〈一一〇六〉年十二月三日条）。船岡山は雪見の名所だったようだ。

雪見と馬場

ところで、院政期の雪見の史料を見ていくと、右近馬場《うこんのばば》へ行く事例が複数確認できる。

天晴。辰剋、雪降る。深さ一尺七、八寸ばかりに及ぶ。仍て右近馬場の辺に至る。宰相中将忠教《ただのり》来たりて相伴《しょうばん》す。同剋ばかり家に還る。

（『殿暦』長治元〈一一〇四〉年二月三日条）

朝、上皇、雪を御覧ずるため右近馬場に御幸す。右大臣殿また参向したまふ。

（『中右記』長治元年十二月二十三日条）

辰剋ばかり雪を見る。北野に向き、右近馬場に向く。しばらくにして家に帰る。余、乗馬す。

（『殿暦』天仁元〈一一〇八〉年十二月十二日条）

右近馬場は右近衛府の馬場で右京の一条大宮の北にあり、左京の一条西洞院《にしのとういん》にあった左近馬場と対になっていた。右近馬場では、右近衛府の騎射《きしゃ》が行われたほか、競馬《くらべうま》が行われたことが鎌倉中期の説話集『古今著聞集』の説話（巻十、三五四）からうかがえる。

また、同じく『古今著聞集』の説話（巻十四、四七六）では、雪見に出かけた白河上皇は、まず「馬場殿」へ行き、次に「秋の山」（鳥羽殿の南殿庭園の築山）へ向かった。「馬場殿」は鳥羽殿《とばどの》（白河上皇が建設した離宮）に造営された御所のうちの一つで、寛治四（一〇九〇）年に完成した。東西に走る馬場の南に北面する御所があったと考えられている（美川圭『白河法皇』）。

なぜ、右近馬場や馬場殿へ雪見に行ったのであろうか。広々とした馬場に降り積もった一面の雪を見るということもあろうが、前掲した『中右記』の記事と同日の『殿暦』の記事には次のように記されている。

天晴陰《せいいん》。雪甚だ降ること五、六寸ばかり。院より人告げて云く、只今、雪を御覧ず。仍て忩《にわか》に参る。余の装束ほうし直衣を着け出衣あり。一条大宮の程に参会す。右近馬場にて馬を止め乗馬す。しばらくして法勝寺に渡らせ給うこの間、余、また車に乗り御共に候す。

（『殿暦』長治元年十二月二十三日条）

白河法皇の雪見の知らせを受けた右大臣藤原忠実は、供奉《ぐぶ》するために急いで出立して一条大宮のあたりで合流し、右近馬場で馬に乗った。この後、法皇は法勝寺《ほっしょうじ》へ向かうが、この時忠実はまた車に乗ってお供したという。つまり、忠実は車に乗って出立して、右近馬場で馬に乗り、その後再び車に乗ったのである。『古今著聞集』の説話（四七六）でも、白河上皇の雪見に供奉した関白藤原師実《もろざね》は「くろき馬」に乗り、雪の吹き溜まりに馬を引き入れてしまい転倒しかかった。雪が積もった馬場で馬に乗るというのも、雪見の一つの形態だったのであろうか。

雪にまつわる都人のあれこれ

雪中の狩猟

秋の中頃から春先にかけて、とくに冬は狩猟の季節だった。試みに『類聚《るいじゅ》国史《こくし》』巻三十二の「天皇遊猟」「太上天皇遊猟」の記事（「天皇遊猟」は天智天皇以降）を月別（閏月を含む）に集計すると、夏（四〜六月）が三例、秋（七〜九月）が七二例（ただし七月は二例のみ）、冬（十〜十二月）が九九例、春（正〜三月）が六三例（ただし三月は七例のみ）であり、秋八月から翌年の春二月ころまでが狩猟の季節だったことがうかがえる。

雪が降る中で狩猟を楽しむこともあった。延暦十三（七九四）年正月二十六日、桓武天皇は瑞野《みずの》で遊猟したが、この日は大雪だった。弘仁《こうにん》八（八一七）年十二月十四日には嵯峨天皇が、やはり大雪の中を芹川野《せりかわの》で遊猟した。仁和二（八八六）年十二月十四日は、一日中「風雪惨烈《さんれつ》」という荒天だったが、光孝天皇が芹川野で鷹狩をした（以上『類聚国史』）。雪中の狩猟の様子をみてみよう。

まずは『源氏物語』「行幸」の巻からみていこう。『源氏物語』は文学作品だが、後述するように、雪の中で狩猟が行われた史実を反映していると考えられる。

十二月の雪がちらつくなか、冷泉帝は大原野へ野行幸《のぎょうこう》（鷹狩のための行幸）に出かけた。太政大臣の光源氏には、かねてから行幸の供をするようにという帝《みかど》の意向が知らされていた。しかし、物忌《ものいみ》のため断り、供奉しなかった。源氏は「御酒、御くだもの」などを帝に献上し、帝は狩猟の成果として「雉一枝《きじひとえだ》」を源氏に贈った。この後、帝と源氏との間で和歌が交わされた。

　雪ふかきをしほの山にたつ雉のふるき跡をも今日はたづねよ

（雪深い小塩山に飛び立つ雉の跡を尋ねて――この大原野の行幸の古例を尋ねて、今日はあなたにも同行してほしかった）

　をしほ山みゆきつもれる松原に今日ばかりなる跡やなからむ

（小塩山の松原に雪が降り積もるように、これまでも大原野の行幸は幾度もおありでしたが、

今日ほどの盛んな例はございませんでしょう
（『源氏物語』「行幸」）

『源氏物語』の古注釈『河海抄《かかいしょう》』は、この冷泉帝の大原野への野行幸は、『吏部王記《りほうおうき》』（醍醐天皇の皇子重明《しげあきら》親王の日記）の延長六（九二八）年十二月五日条にある、醍醐天皇の大原野行幸に準拠したものとする（朧谷寿『源氏物語の風景』）。『吏部王記』によると、この時には宇多《うだ》法皇から「酒二荷・炭二荷・火炉一具」が醍醐天皇に贈られた。『源氏物語』では醍醐天皇を冷泉帝に、宇多法皇を光源氏に擬しているわけだが、『吏部王記』には雪に関する記述は見られない。『源氏物語』では、前記したような雪の中での天皇遊猟の実例から、雪の場面が設定されたのであろう。

『古今著聞集』の説話「九条大納言《だいなごん》道家、内侍《ないしら》等を引具《ひきぐ》して雪中の鷹狩を見る事」（巻十四、四七八）からも、雪の日の鷹狩の様子がうかがえる。

承元《じょうげん》五（一二一一）年閏正月二日、目も驚くばかりの雪が積もった朝、参内した九条大納言（九条道家）は、「これほどの雪を御覧にならないことがあろうか」と言って、女官らを引き連れて、内裏から右近馬場を経て賀茂神社の方へと雪を見に行った。道家はこの時十九歳で、直衣《のうし》を着て馬に乗っていた。賀茂の神主賀茂幸平《ゆきひら》は狩装束で参上し、「昔はこのような雪の日には馬に鞍を置いて鷹狩の支度をしたものだが、今ではそのようなことは途絶えてしまったのに、すばらしくて風流でいらっしゃる」と言い、同じく狩装束の若い神官たちが、それぞれ手に鷹を据えて、雪の中の鷹狩をして御覧に入れた。ちなみにこの鷹狩が行われた三日後の閏正月五日も一日中雪が降り、積雪は一尺二寸（約三六チセン）にもなった（『百練抄』）。

蹴鞠と雪

蹴鞠《けまり》は、寝殿の庭などで革製の鞠を地面に落とさないように蹴りあう遊戯である。蹴鞠を行う鞠場《まりば》の四隅に柳・桜・松・楓を植え（懸《か》かりの木）、八人の鞠足《まりあし》（蹴鞠の蹴り手）で技を競った（渡辺融・桑山浩然『蹴鞠の研究』）。『栄花物語』に「春宮《とうぐう》におはしまいしおりも、ここにいとひさしうおはしまして、花のさかりには人々まゐり給て、まりけなどあそばせ給しところなり」（巻三十六）とあるように、蹴鞠を行う最適の季節は、春二月から初夏の四月頃までであった（前掲『蹴鞠の研究』）。

興味深いことに、蹴鞠の場に器に盛られた雪が置かれることがあった。『後二条師通《ごにじょうもろみち》記《き》』康和元（一〇九九）年三月十七日条によると、この日、関白藤原師通《もろみち》は、父師実《もろざね》とともに各所へ桜を見に行った。まず東北院（法成寺《ほうじょうじ》の北東にあった寺院）へ行った。桜の花が雪のようであった。次いで革堂《こうどう》（行願寺《ぎょうがんじ》）の桜の優美を照覧し、その後、雲林院《うりんいん》に行き東山を眺望した。観音院の桜の花も雪のようであったという。この後、斎院《さいいん》（白河法皇皇女の令子《れいし》内親王）のところへ行った。花は「神妙」（＝神秘的）であった。斎院では、まず小弓《こゆみ》（小さい弓を用いた遊戯）があり、次いで蹴鞠が行われ、師通もそれに加わった。この間、桜の花は雪が降るように散ったという。

図14　蹴鞠（『日本国語大辞典』掲載図より）

注目したいのは、この日の日記の裏書に「雪を硯蓋《すずりぶた》に盛り、歌を薄体に書く」とあることである。硯箱の蓋に和歌が書かれた薄様《うすよう》（薄くすいた和紙）が敷かれ、その上に雪が盛られて出されたことがわかる。薄様に書かれていた和歌は「はなさくらちりしく庭をはらはねばきえせぬ雪となりにけるかな」というもので、『詞《し》花和歌集《かわかしゅう》』（六番目の勅撰和歌集）に令子内親王に仕えた女官摂津《せっつ》の歌として収録されている（初句が「さくら花」となっている）。その詞書《ことばがき》には「太皇太后宮賀茂の斎《いつき》ときこえ給《たまい》ける時、人々まゐりて鞠つかうまつりけるに、硯の箱の蓋に雪をいれて出《いだ》されて侍りける敷紙にかきつけて侍りける」とある。

この日の出来事は『古今著聞集』の「後二条師通、白川斎院にして鞠会の事」（巻十一、四〇八）にも記されている。

三月、師通が白川斎院（令子内親王）のところへ参上したとき、蹴鞠が行われた。しばらくして、汗衫《かざみ》を着た童《わらわ》が扇をかざして、片手に蒔絵の手箱の蓋に薄様を敷いて、その上に雪を多く盛ったものを日隠《ひがくし》の間（階隠《はしがくし》の間のこと）の縁に置いて戻っていった。師通は汗が垂れそうな様子で、沓《くつ》を履いたまま日隠の間の縁に腰を下ろし、直接手ではなく、檜扇《ひおうぎ》の先で雪を少しすくったところ、凍った固い雪だったので飛び散って雪が直衣《のうし》にかかり、それが解けて二重《ふたえ》の裏にうつって斑点のように見えた。そしてまた蹴鞠をした。その姿はとても立派で優美であったという。この説話からは、蹴鞠の際に雪がどのようにして出されたのか、出された雪で師通が何をしたのかがうかがえる。

雪を出す作法

蹴鞠の際に出される雪については、鎌倉時代中期の説話集『十訓抄《じっきんしょう》』にも面白い話が載せられている。

六条前斎院（禖子《ばいし》内親王）の御所にはとても立派な懸かりの木が植えられていた。

三月の初め、蹴鞠が得意な上達部《かんだちめ》（公卿）、殿上人などが多く集まって蹴鞠を披露した。夕方になって、主殿司の女官が雪を「かわらけ」（素焼きの土器）に盛ったものを公卿の座に据え置いた。公卿たちはそれが雪だとわからなかったのだろうか、「蹴鞠の席に食べ物が出されることはあまり聞かないことだ。どういうことだろうか」と不思議がって、そのまま帰ってしまった。

その後、ある有職家《ゆうそくか》（儀式や故実に明るい人）がこのことを聞いて、「よくぞ雪を出されたことだ。そのような習わしがあるとも知らないで、雪の近くに寄って見る人もいなかったとは、とんでもない失態だ。また、蹴鞠の時に雪を出されるやり方には決まりがあるが、わざとかわらけに盛って出したというのは、人々の心を試して、その様子を見てみようというお考えだったのだ」と言った。禖子内親王の高い評判、鞠足の失態ということであった。（『十訓抄』中、七ノ四）

禖子内親王は後朱雀天皇の皇女である。永長元（一〇九六）年に没しているので、この説話は、さきの『後二条師通記』などにみられた事例よりも少し前のできごとを題材にしたものとみられる。この説話で注目されるのは、ある有職家の言葉にあるように、蹴鞠に参加していた公卿たちが、蹴鞠の際に雪を出す習わしがあることを知らなかったことである。褉子内親王は、このような習わしがあることを知ったうえで、雪を出す際の決まったやり方（硯箱の蓋に薄様を敷き、その上に雪を盛る）とは異なるやり方（かわらけに盛る）で雪を出して、公卿たちが習わしを知っているかどうか試したのである。そして、公卿たちがこの習わしを知らなかったことからすると、この頃にはすでに一般的なことではなくなっていたようである。そうすると、先に見た師通はこの習わしを知っていて、雪の近くに行って腰かけ、檜扇で雪をすくったということになる。

ちなみに、蹴鞠の場に雪を出す理由は、蹴鞠をすることによって熱くなった体を冷やすためとみられる（『新編日本古典文学全集　十訓抄』）。『源氏物語』「蜻蛉《かげろう》」の巻には、蓮の花が盛りの夏に、女房たちが苦労して割った氷を手に持ったり、頭に載せたり、胸に押し当てたりして体を冷やしている様子が描かれている。蹴鞠の場に出された雪も体を冷やすためのものであり、手に取るなどして熱くなった体を冷やしたのであろう。

炎天下に雪を食べる

蹴鞠の場に雪を出すという習わしを知らなかった公卿たちは、「蹴鞠の席に食べ物が出されることはあまり聞かないことだ。どういうことだろうか」と、出された雪を食べ物と勘違いした。しかし、実際に雪を食べることはあった。

嘉保《かほう》二（一〇九五）年四月二十日、この日は賀茂祭の行列があり、白河上皇は娘の郁芳《いくほう》門院《もんいん》（媞子《ていし》内親王）とともに行列を見物した。『中右記《ちゅうゆうき》』の記主藤原宗忠は女院の前駆《ぜんく》（行列などの前方を馬に乗って先導すること）を務めた。上皇らが車から降りて見物用の桟《さ》敷《じき》に移った後、前駆を務めた公卿や殿上人たちに酒宴が用意された。酒宴では、上皇から雪が下給《かきゅう》（地位・身分などが下の人に物を与えること）された。宗忠は、「炎天下、汗が流れる中での饗宴で雪を頂くとは、誠に思いがけないこと（「珍事」）だ」と記している（『中右記』）。この日は現在のグレゴリオ暦では六月一日にあたる。ジメジメとした蒸し暑い日もある頃である。宗忠が「思いがけないこと」と言って雪の下給を喜んだのも理解できるだろう。

ところで、この初夏の季節まで、雪はどのようにして保存されていたのだろうか。氷を貯蔵しておく施設としては、宮内省所属の主水司《しゅすいし》が管理する氷室《ひむろ》がある（養老職員令主水司条）。『日本書紀』によると、氷室は地面に掘った竪穴の底部にカヤやススキを敷き、その上に池から採取した氷を置いて、氷の上部をさらにカヤで覆う構造であった（仁徳天皇六十二年是歳条）。『延喜式』（主水司）には、山城国六ヵ所、大和国・河内国・近江国・丹波国各一ヵ所の合計十ヵ所の氷室がみられ、四月一日から九月三十日まで、供御《くご》の氷などを毎日貢進することとされている。また、天平宝字四（七六〇）年の史料（「土師男成銭用《はじのおなりせんよう》文《ぶん》」『大日本古文書』一四）によれば、平城京の市で氷を買うことができた。雪の貯蔵や入手経路については不明だが、氷とともに氷室に貯蔵され、夏には都へ運ばれてきたのであろうか。

臨終の雪

七番目の勅撰和歌集『千載和歌集《せんざいわかしゅう》』の撰者藤原俊成《しゅんぜい》は、死の床にあって「雪を食べたい」と雪を所望《しょもう》した（久保田淳『藤原俊成』）。俊成の子の定家《ていか》の日記『明月記《めいげつき》』によると、元久元（一二〇四）年十一月二十九日、俊成が、「病気になってからずっと雪を願い求めているのにいまだに得られない」と頻りに恨み言を言うので、家司《けいし》（家の事務を担当する職員）の一人の文義《ふみよし》に命じて雪を求めさせた。文義は北山で雪を手に入れて送った。翌三十日、定家が俊成のもとに行くとすでに亡くなっていた。定家の姉の健御前《けんごぜん》が言うには、夜中に雪を差し上げたところ、ことのほか喜んで召しあがった。「めでたき物かな。猶えもいわぬものかな」「おもしろいものかな」と言って盛んに雪を食べ、人々が心配になって雪を取り上げて隠したほどだったという。

『明月記』によると、この冬、都ではまだ降雪が記録されていない。文義が雪を入手した北山は、雪見の名所である船岡山や衣笠山、岩倉山など、都の北方にある山々のことである。雪の訪れが都よりも少し早かったようである。

都人たちはどのようにして雪を食べたのであろうか。その一例がうかがえるのが『古今著聞集』の説話「九条前内大臣基家《もといえ》、壬生家隆《みぶのいえたか》に雪を進むる事幷《なら》びに二条定高《さだたか》に雪を贈る事」（巻十八、六三八）である。

雪の食べ方

九条の前の内大臣（藤原基家）の邸宅に壬生の二位（藤原家隆）が来て和歌の会があった。二月のことだったので、雪に「あまづら」をかけたものが家隆に出された。家隆は雪を食べ終わって、「この雪がまだございましたら、雪を頂戴して二条の中納言（藤原定高）のところへ送ってやりたいと思います。定高は「雪食い」ですので」と言った。そこで、硯箱の蓋に盛って出された雪を定高のもとへ送ったところ、定高からお返しとして、「心ざし髪の筋ともおぼしけりかしらの雪かいまのこの雪（御芳志たしかに頂戴いたしました。今頂きましたこの真っ白な雪は、まさに頭《かしら》の雪〈＝白髪〉の風情かと存じます）」という和歌が送られてきた。家隆は「よくぞ詠まれた」としきりに感心したという。

（『古今著聞集』巻十八）

家隆は「あまづら」をかけた雪を食べた。「あまづら」は甘葛《あまかずら》（つる草の一種。アマチャヅル）の茎を煮詰めて作った甘味料である。『枕草子』では「あてなるもの（上品で優雅なもの）」の一つとして「削《けず》り氷《ひ》にあまづらいれて、あたらしき金鋺《かなまり》にいれたる（削った氷にあまづらをかけて、新しい金属製の椀に盛ったもの）」が挙げられている（第四十段）。雪の食べ方の一つとして、削った氷と同じように、甘味料の「あまづら」をかけて食べることがあったことがわかる。また、家隆が定高のことを「雪食い」と言っていることも面白い。雪が大好物という人もいたようだ。

和歌に詠まれた雪

雪は月や花とともに和歌の題材として多く詠まれている。『枕草子』「村上の先帝の御時に」（第百七十五段）では、村上天皇が、月の明るい夜に、容器に盛られた雪に梅の花を挿して、「これに歌よめ」と女房に対して和歌を求めた。女房が、『白氏文集《はくしもんじゅう》』（唐の詩人白居易《はくきょい》の詩文集）に「琴詩酒《きんししゅ》の友、皆我を抛《す》つ、雪月花の時、最も君を憶《おも》ふ」（巻二十五、殷協律《いんきょうりつ》に寄す）とあることをふまえて、「雪月花の時」と応えると、天皇は感嘆し、「和歌を詠むのは世の常だが、このような機会に巡り合うとは何とも言い難いことだ」と、雪・月・花（梅）の三つの美が重なったことに何とも言えない感動を覚えている（朧谷寿『源氏物語の風景』）。雪を詠み込んだ和歌をいくつか挙げてみよう（詞書等は省略）。

・冬木に積もった雪を花に見立てた和歌

わがやどの冬木の上に降る雪を梅の花かとうち見つるかも

（我が庭の冬木の上に降る雪を、梅の花かとつい見まちがえた）

（『万葉集』巻八―一六四五）

雪ふれば冬ごもりせる草も木も春に知られぬ花ぞさきける

（雪が降るので冬ごもりしている草にも木にも、春に知られない花が咲くことだ）

（『古今和歌集』巻六―三二三）

・散る梅の花を降る雪に見立てた和歌

わが園に梅の花散るひさかたの天《あめ》より雪の流れ来るかも

（私の庭に梅の花が散る。〈ひさかたの〉天から雪が流れて来るのだろうか）

（『万葉集』巻五―八二二）

春の野に霧立ちわたり降る雪と人の見るまで梅の花散る

（春の野に霧が立ちわたって降る雪かと、人が見まちがえるほどに梅の花が散るよ）

（『万葉集』巻五―八三九）

・消え残っている庭のはだれ雪（薄く斑《まだら》に降り積もった雪）を、再び雪が降るのを待って

いるようだとして「友まつ雪」と詠んだ和歌

降りそめて友待つ雪はむばたまの我が黒髪の変《かわ》るなりけり

（降り始めて、後から降ってくる友の雪を待って消えずにいる雪は、私の黒髪が白髪に変るのを待っているのと同じ、身につまされてしまいますよ）

（『後撰和歌集』巻八―四七一）

山里に雪さへ友を待《まち》ければ野風を寒みたづね来にけり

（山里では雪さえ人恋しげに友を待っているので、どんなにか野風が寒かろうと尋ねてやって来たのだ）

（『公任集』一八七）

・白髪を雪に見立てた和歌

春の日の光にあたる我なれど頭《かしら》の雪となるぞわびしき

（春の日の光を浴びている私ですが、頭に白雪が降りかかるのは困ったことです）

（『古今和歌集』巻一―八）

老いにけるしらがも花ももろともにけふのみゆきに雪と見えけり

（年老いた私の白髪も落花もともどもに、今日の御幸にあやかってさながら雪と見えたこと

です）

（『新古今和歌集』巻十六—一四六一）

・積もった雪で竹の枝が折れて聞こえる音を「雪の下折れ」と詠んだ和歌

あけやらぬ寝覚めの床《とこ》にきこゆなりまがきの竹の雪のしたをれ

（一向に明けようとしない寝覚めの枕元に聞こえてくるよ。籬《まがき》の竹の雪にしない折れる音が）

（『新古今和歌集』巻六—六六七）

夢かよふ道さへたえぬ呉竹《くれたけ》のふしみの里《さと》の雪のしたをれ

（夢の行き来する道まで絶えてしまった。一夜臥した伏見の里の、雪に竹の折れ下がる音で）

（『同』巻六—六七三）

和歌の贈答と雪

雪に和歌を添えて相手方へ贈る際には一定の作法があったようだ。平治元（一一五九）年二月二十五日、方違《かたたがえ》のために押小路殿《おしこうじどの》へ行幸した二条天皇は、透廊《すいろう》（両側に壁や戸を入れないで開け放しのままにした渡り廊下）で夜もすがら管絃の御遊《ぎょゆう》を楽しんだ。その際、ある女房が硯蓋《すずりぶた》に紅の薄様《うすよう》を敷いて、その上に雪を盛ったものに和歌を添えて出した（『古今著聞集』巻五「二条天皇御方違のために押小路殿へ行幸御遊の事」〈一五八〉）。

月影のさえたるおりの雪なればこよひは春もわすれぬる哉《かな》

（月光の冴え渡った今宵の雪なので、春になっていることも忘れてしまったことである）

返し、

くまもなき月の光のなかりせばこよひのみゆきいかでかは見む

（照らさぬ隈もないあたり一面の月光がなかったら今宵の雪はどうして見えようか）

女房の和歌、それに対する天皇の返しの和歌、どちらにもそれぞれ雪と月の光が詠み込まれている。

寛元《かんげん》元（一二四三）年二月九日、雪が三寸（約九《チ》セン）ほど積もった暁、後嵯峨天皇は参内した冷泉《れいぜいのさきのうふ》前右府（西園寺実氏《さねうじ》）に対して、雪の降りかかった松の枝を折って硯の蓋に置き、御製《ぎょせい》（天皇が詠んだ和歌）を紅の薄様に書いてその枝に結び付けて与えた。御製には「九重《ここのえ》に降りかさなれる白雪はこれや千年《ちとせ》の松のはつ花（宮中に降り積もった白雪は、これこそ千年の長寿を保つ松の初花である）」とあり、松の枝に降りかかった雪を長寿の象徴である松に咲いた春の初花に見立てている（『古今著聞集』巻五「後嵯峨天皇雪の暁冷泉前右府に御製を賜ふ事」〈一二二五〉)。

さきに蹴鞠《けまり》の際に熱くなった体を冷やすための雪が出された事例や、雪を食べる事例を見たが、雪の出し方は、硯箱の蓋に薄様を敷いて、その上に雪を盛って出すというものだった。禖子《ばいし》内親王は、この決まった雪の出し方をせず、わざと「かわらけ」に雪を盛って出して、蹴鞠に来ていた公卿たちを試したのである。

雪まろばし

最後に、子どもの雪遊びの「雪まろばし」についてみてみよう。雪まろばしは「雪丸《まろ》げ」ともいい、雪を転がし丸めて大きな雪玉とする遊びである。

『源氏物語』「朝顔」の巻には次のようにある。

月は隈《くま》なくさし出《い》でて、ひとつ色に見え渡されたるに、しをれたる前栽《せんざい》のかげ心苦しう、遣水《やりみず》もいといたうむせびて、池の氷もえもいはずすごきに、童《わらわ》べおろして雪まろばしせさせたまふ。をかしげなる姿、頭《かしら》つきども月に映《は》えて、大きやかに馴れたるが、さまざまの衵《あこめ》乱れ着、帯しどけなき宿直《とのい》姿なまめいたるに、こよなうあまれる髪の末、白きにはましてもてはやしたるいとけざやかなり。小さきは、童げてよろこび走るに扇なども落として、うちとけ顔をかしげなり。いと多う転《まろ》ばさむとふくつけがれど、えも押し動かさでわぶめり。かたへは東のつまなどに出でゐて、心もとなげに笑ふ。

（『源氏物語』「朝顔」）

雪が降り積もり、月光が冴えわたる二条院の庭で、光源氏は童女たちを庭に下ろして雪まろばしをさせた。かわいらしい童女たちの姿が月に映えた。年長で物慣れた大柄な童女たちは、さまざまな衵《あこめ》（童女用の上着）を着て、帯をだらりとさせた宿直姿も優雅で、長い髪の先が雪の白さに一層引き立っていて、とても美しい。小さな童女たちは、よろこび走って扇などを落とし、その無邪気な顔がかわいらしい。もっとたくさん雪を転ばそうと欲張るが、押し動かせなくなって困っているようだ。一部の童女たちは、西の対（寝殿造りで主殿の西方にある建物）の東端の簀子《すのこ》にすわって、もどかしそうに笑っている。

童女たちが楽しそうに雪まろばしをして遊んでいる光景がうかがえる。小さな童女がもっと大きな雪玉にしようと欲張って転がし、結局大きくなりすぎて自分では動かせなくなって困っているところなど、雪国で子ども時代を過ごした人なら誰でも経験したことではなかろうか。

ところで、注目したいのは、雪まろばしをする童女たちの様子が細やかに描写されていることである。童女たちは雪まろばしをして楽しんでいるが、貴族たちは、雪まろばしをする童女たちの姿を見て、それを楽しんでいるのである。雪まろばしの様子は『狭衣物語《さごろもものがたり》』にもみられるが、そこでも若い侍たちが雪まろばしを見ている。

子どもたちの雪遊びは雪まろばし以外にもあったであろう。『源氏物語』「浮舟」の巻では、宇治にいる浮舟を訪ねてきた匂宮《におうのみや》の行為（浮舟を川向こうの家に連れて行こうとする）に不安を感じて震える右近（浮舟に仕える女房）の様子を、「童べの雪遊びしたるけはひのやうにぞ、震《ふる》ひあがりにける」と表現している。また、現在の子どもたちの雪遊びの一つである雪合戦は、史料では「雪打ち」という名で登場する。かなり時代が下るが、室町時代中期の貞成《さだふさ》親王の日記『看聞日記《かんもんにっき》』には、男女が雪打ちをしている様子がみられる（永享《えいきょう》八〈一四三六〉年正月十二日条など）。

雪がもたらした被害と対策

雪による直接的な被害

現在も、雪は毎年のように人々の生活にさまざまな影響や被害をもたらしている。雪に不慣れな地域では、わずかな積雪でも路面状況の悪化により歩行者が転倒し、鉄道など交通機関のダイヤが乱れる。また、道路では自動車の立ち往生も発生する。豪雪地帯では、積雪による建物倒壊や、吹雪、雪崩による被害が発生し、人命が失われることもある。また、雪かきや雪下ろしなど、除雪作業中の事故も毎年報道されている。

平安京での被害

古代に生きた人々は、雪からどのような影響や被害を受けていたのであろうか。まずは雪によって建物が倒壊したり、人命が失われたりするような直接的な被害についてみていきたいが、そのような雪の直接的な被害を伝える史料はきわめて少ない。とくに、平安京における被害については、『新古今和歌集』に収録された赤染衛門《あかぞめえもん》の歌（「跡もなく雪ふるさとは荒れにけりいづれ昔の垣根なるらむ（人の通う跡も見えぬまでに激しく降る雪に、お父君の住んでおられた家の辺りは跡かたもなく荒れてしまいました。どこが昔の垣根なのでしょう）」巻十六―一五八〇）の詞書《ことばがき》に、「元輔《もとすけ》が昔住み侍《はべり》ける家のかたはらに、清少納言住みけるころ、雪のいみじく降りて隔《へだ》ての垣も倒れて侍ければ、申《もうし》つかはしける」とあり、清少納言の父清原元輔がかつて住んでいた家の垣根が雪によって倒れたということがわかる程度である。

図15　秋田城跡外郭東門（秋田市立秋田城跡歴史資料館提供）

雪国での被害

雪が多く積もる地域では次のような事例がある。

天長《てんちょう》七（八三〇）年正月三日（グレゴリオ暦二月三日）、出羽《でわ》国（現在の山形県・秋田県）の秋田城が大地震に襲われた。鎮秋田城国司藤原行則《ゆきのり》からの報告によると、城郭の官舎や四天王寺の仏像、堂舎などがことごとく転倒し、圧死した百姓一五人、負傷者一〇〇人余りという大きな被害が出た。また、城の近くを流れる「秋田河」の水量が減って溝のようになった。一方で、「添河」と「覇別河」では川岸が崩れて氾濫し、近くの百姓たちは暴流を恐れて山や丘に避難したという。そして行則は、「本来であれば被害状況を詳しく調べて早急に報告すべきであるが、余震が続き、さらには風雪が重なって、今まで止まず、その後の被害状況を知りがたい。また官舎が雪に埋まり、被害状況を記録できない」と報告してきた（『類聚国史』巻百七十一、災異五地震）。秋田城の官舎の倒壊は地震による被害だが、風雪（吹雪）によって官舎が雪に埋まり、そのため被害状況を記録して報告することができないのは、雪による被害と言ってよいだろう。

建物の倒壊

積雪のため建物が倒壊することもあった。天平勝宝七（七五五）歳五月三日の「越前国使等解」（『大日本古文書』四）によると、この年に成立した越前国坂井郡の東大寺領桑原荘《くわばらのしょう》では、雪によって倒壊（「雪押伏」）した三棟の建物（「草葺東屋」二間と「草葺真屋」一間）を修理したことが記されている。また、寛治七（一〇九三）年十二月から翌年正月にかけての大雪により、比叡山で建物が倒壊し多くの下人が死亡したことは前述した（一二六ページ）。残された史料からうかがえる、雪による建物倒壊の被害はわずかこの二件に過ぎないが、おそらくもっと多くの建物倒壊の被害があったであろう。

ところで、北陸地方の古代寺院では瓦があまり使用されなかった（坂井秀弥「日本海域の気候風土と越後の位置」）。瓦にしみ込んだ水分が凍結して瓦が割れ、雪とともに屋根から落下することがその理由とされるが（浅香年木『北陸の風土と歴史』）、積雪が多いため、そもそも重い瓦で屋根を葺くということをしなかったのであろう。このほか、考古学的には、北陸や出羽の官衙《かんが》遺跡（官衙は役所のこと）で四面庇《しめんびさし》建物（四面に庇が付いた建物）が少ない理由として、積雪による屋根への荷重が大きいことが指摘されている（八木光則「城柵構造からみた秋田城の特質」）。豪雪地域における竪穴《たてあな》建物や掘立柱《ほったてばしら》建物の特徴について、雪を意識した調査・分析がさらに求められよう（関和彦「雪の古代史」）。

農作物の被害

雪のために農作物が被害を受けることもあった。雪が原因となる農業被害については、次の二つの場合が想定される。一つは早い時期の降雪により農作物が雪に埋まり収穫できなくなる場合である。もう一つは、積雪が多くて雪解けが遅れたり、遅い時期に雪が降ったりして、苗代《なわしろ》（稲の苗を育てる田）作りや田植えなどの農作業ができない場合である（日本積雪連合編『豪雪譜』）。どちらの場合も飢饉をもたらすことになる。

長元二（一〇二九）年七月十七日、出雲《いずも》国（現在の島根県）から「去る八日に飯石《いいし》郡須佐《すさ》郷牧田村で雪が降り二寸（約六センチ）ほど積もった。殖田《しょくでん》（作物が植えられている田）三町余りと野山の草木が悉《ことごと》く損亡した」という報告がなされた（『古事談《こじだん》』）。長元二年七月八日はグレゴリオ暦では八月二十六日にあたり、季節はずれの降雪によって収穫前の作物（稲）に大きな被害が出たことがうかがえる。

この時の降雪は、あまりにも季節はずれなため、太政官で事務を担当する外記局《げききょく》に先例の調査が命じられた。外記局は、「推古天皇三十四（六二六）年六月と、貞観十七（八七五）年六月四日に雪が降ったという記録があるが、その後の対応については所見がない」との勘文《かんもん》（諸事を調べて上申する文書）を提出した。これを受けて、筆頭公卿である一上《いちのかみ》としてこの一件を担当した右大臣藤原実資《さねすけ》は、秋（旧暦七月は暦の上では秋）に入ってからの山陰道での降雪は、あながち「大怪」には当たらないとしながらも、出雲国に仁王《にんのう》経《ぎょう》を転読させるとともに、宮中で攘災法《じょうさいほう》を修することを提案している（『小右記』）。秋の山陰地方での降雪とはいえ、あまりにも早い季節はずれの降雪は、やはり異常なできごとと考えられたのである。

このような季節を大幅にはずれた降雪でなくても、早すぎる降雪や遅すぎる降雪、大雪による雪解けの遅れなどによって大きな被害を受けることもあったであろう。『続日本後紀』天長十（八三三）年閏七月二十四日条は、越後《えちご》国で疫病と飢饉が重なって多くの死者が出たことを伝えるが、「花耕《かこう》時を失い、寒気《かんき》早く侵し、秋稼《しゅうか》稔らず」という天候不順による不作が飢饉の原因とする。雪のことは直接言及されていないが、雪の多い越後からの報告であることからすれば、雪解けの遅れによって農作業のタイミングを逸したり（「花耕時を失い」）、早すぎる降雪によって作物の収穫ができなかったり（「寒気早く侵し、秋稼稔らず」）といった雪の影響も考慮しておくべきであろう。

　雪による建物の倒壊や農作物の被害以外にも、雪崩や吹雪による被害も当然あったはずであるが、史料には残されていない。プロローグで取り上げた鈴木《すずき》牧之《ぼくし》の『北越雪譜《ほくえつせっぷ》』には、雪崩や吹雪による悲惨なできごとが記され、江戸時代の越後の人々がそれらを恐れている様子がうかがえるが、古代の雪国に暮らした人々の雪に対する恐れも同様であろう。『夫木和歌抄《ふぼくわかしょう》』に収載された平安時代後期の公卿《くぎょう》源師時《もろとき》の「旅なれぬ人にをしへよ雪ふらばみのうちかへせふぶきもぞする（旅慣れない人に教えよ。雪が降ったら蓑《みの》をよく着なさい。吹雪になると困る）」（一五〇九二）からは、吹雪への恐れが読み取れる。吹雪や雪崩によって命を落とす人もいたと思われるが、飢饉や疫病と異なり、被害がきわめて限定的なため、史料には残されなかったのであろう。

雪による交通障害

阻まれる往来

　風雪や積雪による交通障害も雪がもたらす被害の一つである。

　弘仁十四（八二三）年、越前国から江沼《えぬま》郡と加賀《かが》郡を割いて加賀国（現在の石川県）が立国された（『類聚三代格』）。その際、越前守の紀末成《きのすえなり》は、「加賀郡、遠く国府を去りて、往還便《びん》ならず。雪零《ふ》り、風起き、難苦殊《こと》に甚だし」と、加賀郡が越前国府から遠く離れていることとともに、風雪によって加賀郡と国府との間の往来に困難があることを立国を申請する理由の一つとしている。

　また、治暦《じりやく》元（一〇六五）年七月二十四日の越中《えつちゆう》国の解状《げじよう》（同年九月一日太政官符所引。解《げ》は上申文書のこと）には、「当国は北陸道の中、これ難治の境なり。九月以後三月以前、陸地の雪深く、海路の波高し。僅かに暖気の期を待ちて、調物を運漕する処なり」とある（『平安遺文』十一―補二七三）。やや誇張している感があるが、越中国は、晩秋の九月から翌年の春にかけて、陸路（北陸道）は深い積雪のため、海路（日本海）は波浪のため交通が困難であり、暖かくなってから調物（税物）を運漕するという状況が述べられている。海上交通の困難は、波浪だけではなく、越中からの航行を阻む強い北西の季節風も原因であろう。

寛治元（一〇八七）年から四年にかけて加賀守に在任した藤原家道《いえみち》（家通）は、国元から平安京に暮らす知人に対して「ことしは雪積りて人も通はねば年返りてなむのぼるべき」と言って寄こした（『散木奇歌集《さんぼくきかしゅう》』六五七・六五八詞書）。前述したように、この時期は、平安京でも降雪日数が多いシーズンが連続する時期である（二一ページ）。

もちろん風雪や積雪による交通障害は、北陸に限ったことではない。治安三（一〇二三）年十二月、伯耆国《ほうき》（現在の鳥取県）から細布《さいふ》六端・調庸雑物などの税が平安京へ送られていたが、途中、大雪により山底《さんてい》（山の麓）で停滞してしまった。そのため、暖かくなってから進上することにした（『小右記』治安三年十二月二十九日条）。

治承四（一一八〇）年十二月、源平の戦いのなかで、越後北部の阿賀北《あがきた》を本拠地とする

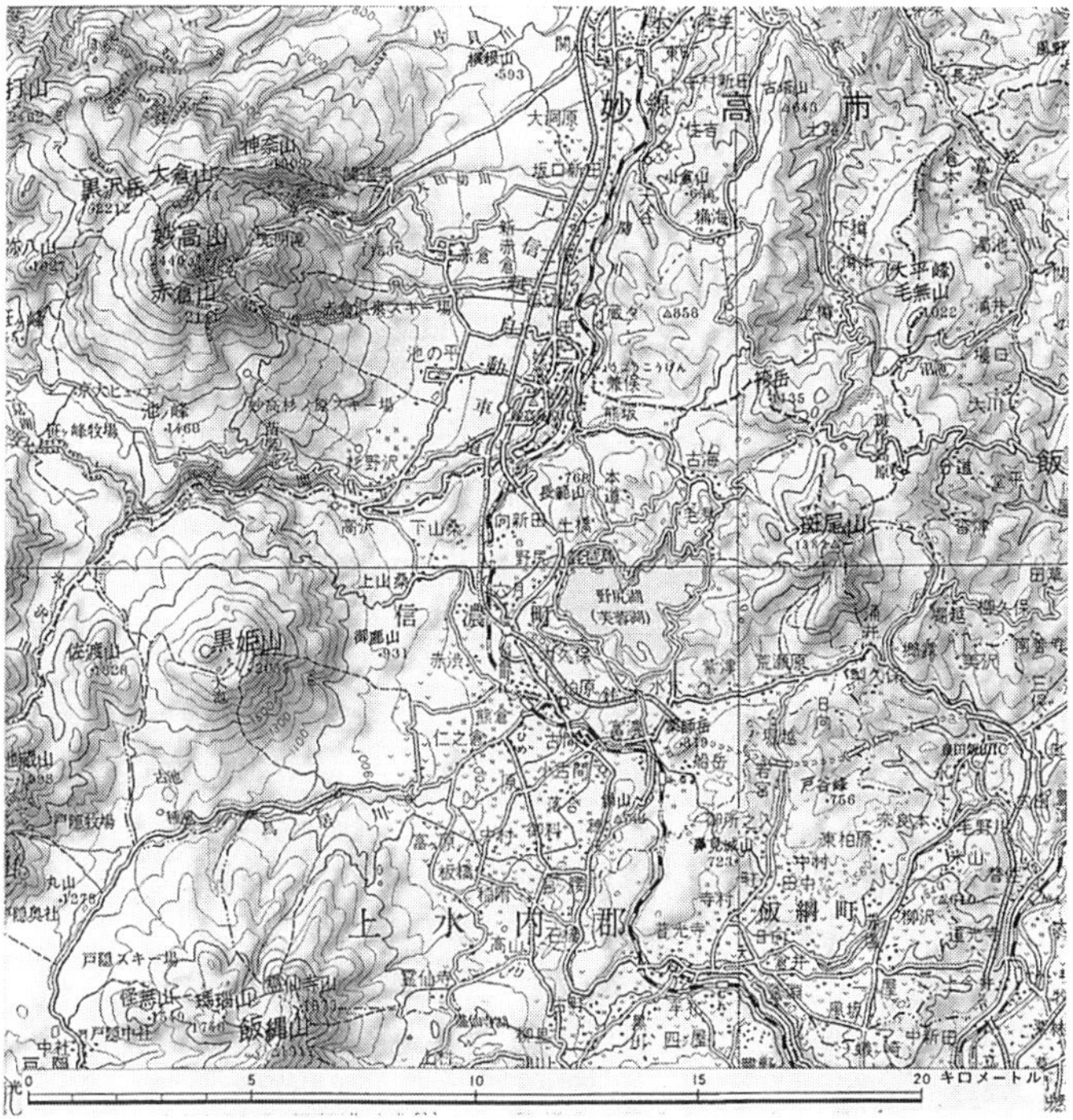

図16　信越国境付近（国土地理院20万分の１地勢図「高田」平成25年より）

平氏方の城助永《じょうすけなが》（資永）の軍勢が信濃《しなの》に入国したとの風聞があった。しかし、これは誤報で、実際には「雪深くして人馬往還に及ぶべからず」という状況であったという（『玉葉《ぎょくよう》』治承四年十二月十二日条）。越後と信濃の国境は豪雪地帯である。積雪期の通行は困難だったのであろう。以下、このような積雪による交通障害とそれへの対応について、いくつかの事例をみていきたい。

使者派遣の停止

弘仁十四（八二三）年十一月二十二日、立国後間もない加賀国が渤海《ぼっかい》使《し》の来着を政府に報告した。翌月の十二月八日、政府は存問《そんもん》渤海客使の派遣を停止し、加賀守《かみ》の紀末成《きのすえなり》と掾《じょう》（国司のうち上から三番目のポスト）の秦嶋主《はたのしまぬし》を向かわせることにした（『類聚国史』）。存問渤海客使は、来航の意図などを調査するために、都から派遣される使者である（今泉隆雄「秋田城と渤海使」）。この時、使者の派遣が停止されたのは、「今年雪深く、往還通わず」という理由からであった。

渤海使は九月から翌年正月にかけて来着することが多い。この時期に吹く強い北西の季節風を利用して日本海を航行するためとみる説もある（浅香年木『北陸の風土と歴史』）。むろん、この時期は北陸や山陰など日本海側の地域の積雪期にあたり、弘仁十四年以外にも、存問渤海客使や領渤海客使（渤海使を京まで領導する使者）の派遣に支障が出たことがあったかもしれない。

貞観元（八五九）年正月に能登《のと》（現在の石川県）に来着した渤海使に対しては、同月二十八日に領渤海客使が任命された。しかし、現地へ発遣されたのは、それから一ヵ月以上経過した三月十三日だった。また、元慶六（八八二）年十一月に加賀に来着した渤海使に対しては、翌年正月一日に存問渤海客使が任命された。しかし、現地へ発遣されたのは二ヵ月以上経過した三月八日だった（以上、『日本三代実録』）。このような、存問渤海客使や領渤海客使の任命から発遣までに一定の期間があくのは、深い積雪で交通に支障があるため、雪解けを待って発遣されたからではなかろうか。

派遣ルートの変更

『別聚符宣抄《べっしゅうふせんしょう》』に次のような宣旨《せんじ》が収録されている。

左大弁橘朝臣澄清《すみきよ》伝宣《でんせん》す。勅を奉《うけたま》はるに、検越後石見《いわみ》両国損《そん》田使《でんし》、内膳典膳《ないぜんてんぜん》橘光幹・散位《さんい》藤原興《おこし》ら、雪銷《ゆきどけ》を待ちて彼の国へ向かふは、耕作の後にして損得を弁じ難し。特に枉道《おうどう》を許し、早速に下し遣はすべし。

この宣旨は発せられた年月日が不明だが、『別聚符宣抄』で左大弁橘澄清が伝宣（天皇の意思を伝達すること）した宣旨には延喜十三（九一三）・十六・十八・十九・二十年のものがあるので、この宣旨も延喜年間のものと考えてよい。

風水害や虫害などの自然災害によって収穫が損なわれた田のことを損田といい、損田を実地で検査する使者のことを検損田使という。このとき越後と石見（現在の島根県）へ派遣される検損田使は、積雪のためすぐには出発できなかったようである。しかし、雪解けを待って発遣したのでは、すでに春の耕作後になってしまい、田の損害状況が判断できない。そのため、とくに枉道を許可して、すぐに現地へ向けて派遣すべきであると命じている。枉道とは規定とは異なる道順（ルート）をとることで、この場合の規定のルートは越後へ向かう北陸道と、石見へ向かう山陰道ということになる。つまり、北陸道と山陰道は積雪のため通行に支障があったのである。

それではこの時、どのようなルートがとられたのであろうか。確証はないが、越後へは東山道経由で信濃から越後へ達するルートがとられたのかもしれない。前述したように、越後と信濃の国境も豪雪地帯であり、また、東山道では信濃と美濃の国境に御坂《みさか》峠という難所がある。しかし、後述するように、信濃守（源隆基《たかもと》か）が雪を踏み分けて越後守の橘為仲《ためなか》のもとを訪れたり、延久四（一〇七二）年に任期を終えた為仲が、翌五年の三月から四月の初めにかけて東山道経由で帰京したりしている（『橘為仲朝臣集』）。北陸道の積雪が多い場合、東山道経由のルートが選ばれることもあったようだ（川尻秋生「山道と海路」）。

配流先の変更

康平七（一〇六四）年九月十六日、前下野守《しもつけのかみ》源頼資《よりすけ》は、上総介《かずさのすけ》橘惟行《これゆき》の館を焼亡させ、人民を殺害した罪により、佐渡《さど》へ配流《はいる》されることになった（『扶桑略記《ふそうりゃっき》』）。頼資を遠流《おんる》に処すことは、すでに前年に決定していた。しかし、一季のうちに二度流刑を執行すべきではないという法家《ほうか》（法律を専門とする官人）の申し出により延引《えんいん》していたのである（『百練抄《ひゃくれんしょう》』康平六年十二月十八日条）。ところが、十二月五日、頼資の配流先が佐渡から土佐《とさ》（現在の高知県）へ変更された。その理由は、「その使ひ、雪深く、路嶮《みちけわ》しく、達し難きの由《よし》を奏聞す」（『扶桑略記』）とあるように、道中の積雪が深くて道が険しく、配流先の佐渡まで到達できないためであった。佐渡と土佐はどちらも遠流の国だが（『延喜式』刑部省18遠近条）、積雪期の北陸道を越後まで行き、さらにそこから冬の日本海を佐渡へ渡るのは困難だったため、土佐に変更されたのである。

同様に、雪の影響で配流先が変更されたとみられる事例がもう一つある。平治元（一一五九）年、信西《しんぜい》（藤原通憲《みちのり》）の子で当時参議だった藤原俊憲《としのり》は、平治の乱に連座して十二月十日に解官《げかん》され、同月二十二日に越後への配流と決まった。しかし、翌年正月、配流先が越後から阿波《あわ》（現在の徳島県）へ変更された（『公卿補任《くぎょうぶにん》』）。越後は『延喜式』の規定では配流先の国ではないが、中世の有職故実書《ゆうそくこじつしょ》『拾芥抄《しゅうがいしょう》』には、阿波とともに「式外の近代遣はす国々」のうちの一国とされている。史料では、藤原俊憲の配流先の変更が雪の影響によるものとは書かれていないが、冬季における越後への配流であることからすれば、積雪による交通障害が原因ではなかろうか。

このほか、積雪による交通障害がうかがえる事例としては、寛仁三（一〇一九）年九月に内裏大垣《だいりおおがき》の補修を担当する国々を定めるにあたって、北陸道諸国はその負担を免除されたということがある（『小右記』寛仁三年九月二日条）。その理由は、「冬になるので勤めを果たすことが難しい」ということであった。雪による影響に配慮して負担を免除したとは書かれていないが、冬という季節が問題とされていることからすれば、積雪による交通障害が想定されているのであろう。

雪への対策

ここまで見てきた雪による被害とそれへの対応は、弘仁十四（八二三）年の存問渤海客使の派遣停止措置で「今年雪深く、往還通はず」とあったように、その時々に応じてなされたものであった。しかし、積雪は年々《としどし》による多《た》寡《か》があるとはいえ毎年のことであり、ある程度予測可能なことである。雪の被害に対する恒常的な対策もあったであろう。管見の限り、雪への恒常的な対策であることが明確に記された史料はない。しかし、調庸物の都への貢納期限や、公文書の提出期限に関する規定を見ていくと、積雪による交通障害を見越した、事前の対策とみられる事例がある。

納税期限の延長

調庸物の貢納期限は、当初の規定では、都からの距離によって、近国が十月三十日、中国が十一月三十日、遠国が十二月三十日となっている（賦役令3調庸物条）。この十月から十二月という期間は、先に見た治暦元（一〇六五）年の越中国解に「九月以後三月以前、陸地の雪深く、海路の波高し」とあるように、都への交通が困難とされた期間と重なっている。風雪や積雪による交通障害は、調庸物の貢進にも影響を及ぼしていたはずである。

さて、奈良時代も後半になると、調庸物の粗悪《そあく》・違期《いご》・未進《みしん》が多くなり、重大な政治問題となっていた（長山泰孝「調庸違反と対国司策」）。政府は調庸貢納の責任を負う国司への対策を強化するとともに、いくつかの国を対象として、貢納期限を延長する法令を出した。

出　典
『続日本後紀』承和８年３月庚子条
〃
〃
〃
〃
『続日本後紀』承和８年８月庚申条

それをまとめたのが表10である。平安時代の天長四（八二七）年から承和三（八三六）年にかけて、長門《ながと》（現在の山口県）・讃岐《さぬき》（現在の香川県）・越中・能登・越前の各国に対して貢納期限を延長する措置が取られたが、五ヵ国ともに、承和八（八四一）年三月に元に戻された（『続日本後紀』承和八年三月庚子条）。同年八月には土佐の貢納期限が延長されたが（『続日本後紀』同年八月庚申条）、これものちに元に戻されたとみられる。結局、いずれの国の貢納期限も元に戻された

表10　天長～承和年間における貢調期限の変更

国名	変更年	変更前	変更後	備　考
長門	天長４(827)年	正月	４月	承和８年３月に旧に復す
讃岐	天長７(830)年	11月	２月	〃
越中	天長８(831)年	〃	〃	〃
能登	天長10(833)年	〃	〃	〃
越前	承和３(836)年	〃	〃	〃
土佐	承和８(841)年		正月	

のだが、越中・能登・越前という積雪地の国が含まれていることに注意しておきたい。

この後、『貞観式《じょうがんしき》』という法典（八七一年施行）の編纂《へんさん》に際して、再び調庸物の貢納期限の延長措置が取られた。

長門国司言《もう》さく。民部省式に曰《いわ》く、凡《およ》そ調庸を貢するは、長門国は明年四月を限れ。伊予《いよ》国は二月を限れ。但し宇和・喜多の両郡は三月を限れ。越後・佐渡・隠岐《おき》は七月を限れ。自余《じよ》は令《りょう》の如し。

（『日本三代実録』仁和三〈八八七〉年三月十一日条）

この史料にある「民部省式」は『貞観式』の逸文（失われた書物の文章の一部がほかの書物に引用されて伝存したもの）とみられており（虎尾俊哉編『訳注日本史料　延喜式』中巻）、のちの『延喜式』という法典（九二七年完成、九六七年施行）にも引き継がれていく規定である（民部省上12貢限条）。長門は再度の延長だが、伊予（現在の愛媛県）・越後・佐渡・隠岐

（現在の島根県）は、表10の天長から承和年間になされた延長措置には出てこなかった国であり、『貞観式』の段階で延長されたことになる。この中で、越後・佐渡・隠岐の貢納期限は翌年の七月とされた。当初の規定では、三ヵ国ともに十二月三十日なので、半年以上も延長されたことになる。

期限延長の理由

　これらの諸国（長門・伊予・越後・佐渡・隠岐）に対して、貢納期限の延長措置が取られたのはなぜだろうか。長門と伊予についてはその理由を明確にできないが、越後・佐渡・隠岐については、貢納期限が当初の十二月三十日から大幅に延長されて、翌年の七月となったことが注目される。なぜ、半年以上も延長されたのだろうか。単に都（平安京）からの距離が遠いということだけでは理解できないだろう。この問題を考えるにあたっては、時期がさかのぼるが、陸奥国の調庸物の貢進に関する次の史料が参考になる。

　陸奥国言《もう》さく。「（中略）また、この地は祁寒《きかん》にして積雪消え難く、僅《わずか》に初夏に入りて調を運びて上道す。山に梯《かけはし》し海に帆《ほをか》けて艱辛《かんしん》備《つぶさ》に至れり。季秋《きしゅう》の月に乃《すなわ》ち本郷に還る。民の産《なりわい》を妨ぐること、此より過ぎたるは莫《な》し。望み請《こ》はくは、輸《いだ》せる調・庸は国に収め置き、十年に一度、京庫に進《たてまつ》り納めむことを」とまうす。これを許す。

（『続日本紀』神護景雲二〈七六八〉年九月壬辰条）

陸奥国の調庸物は国に留め置き、十年に一度、都へ貢進することとされたが、その理由として、陸奥は雪解けが遅く、翌年の初夏からの運送となり、民衆の産業を損なうことが挙げられている。積雪が多いと雪解けが遅くなり、調庸物を運送できるようになるには、翌年の夏の到来を待たなければならないのである。治暦元（一〇六五）年の越中国解でも「九月以後三月以前、陸地の雪深く、海路の波高し」と、晩秋から翌年春にかけて、陸路の積雪や海上の波浪《はろう》によって交通に支障が出ることが記されていた。また、実際に、佐渡からの税物の運送は夏に行われていた（『続日本後紀』承和元〈八三四〉年十一月己巳条）。

これらのことからすれば、『貞観式』で越後・佐渡・隠岐の貢納期限が半年以上も延長されたのは、翌年の夏にならないと調庸物を運送できないからと考えられる。『貞観式』の貢納期限の延長措置は、毎年発生する積雪や波浪による交通障害に対する恒常的な事前対策なのである。

ここで気になるのは、天長から承和年間になされた越中・能登・越前の貢納期限の延長措置が元の規定に戻されたのに対して、越後・佐渡・隠岐の延長措置が、継続的な法令として採用された点である。これについては次のように考えられるのではなかろうか。つまり、越中・能登・越前の貢納期限は、当初の規定では十一月三十日だが、十一月は雪の降りはじめのころである。年によっては雪の影響をあまり受けないこともあったであろう。じつは越中は、元慶七（八八三）年にも再び貢納期限の延長措置を申請したのだが、この時は四年間に限って延長が認められた（『日本三代実録』元慶七年三月四日条）。これは、雪の影響が年によって異なるため、期間を四年間に限定して許可したと考えられる。一方、越後・佐渡・隠岐の貢納期限は、当初の規定では十二月三十日であり、本格的な降雪の時期である。年により雪の影響に違いがあるとはいえ、一定程度の雪の影響を毎年のことと して予測できる。そのため、越後・佐渡・隠岐に対する貢納期限の延長措置は、継続的な法令として採用されたのであろう。

公文書の提出期限

正税帳《しょうぜいちょう》は諸国の正税（国司が管理した稲穀《とうこく》。国の基本財源）の収支決算報告書である。毎年作成され、原則として国司のうちの一人が正税帳使となって中央政府に提出した。提出期限は、平安中期に成立した『延喜式』では二月三十日とされているが（民部省下14正税帳条）、これがいつまでさかのぼるかについては議論がある（虎尾俊哉編『訳注日本史料　延喜式　中』）。二月三十日が提出期限の場合、雪による交通障害の影響を受けたことが想定される。

大伴家持《やかもち》が越中守《かみ》だった時の実例では、天平十九（七四七）年に家持が正税帳使となり、四月二十日・二十六日に餞別《せんべつ》の宴《うたげ》が開かれ（『万葉集』巻十七―三九八九・三九九〇、三九九五～九九九）、五月二日以降に越中を出立した。上京の時期が、正税帳の提出期限を二月三十日とする『延喜式』の規定とは異なっており、雪国のため時期が遅れたと考えられている（『新日本古典文学大系　萬葉集　四』）。

天平勝宝三（七五一）年には、掾《じょう》の久米広縄《ひろなわ》が正税帳使となり、二月二日に餞別の宴が開かれた（『万葉集』巻十九―四二三八）。この時は、『延喜式』の規定に合致する日程となっているが、餞別の宴で家持は、「君が行きもし久《ひさ》にあらば梅柳誰と共にか我がかづらかむ（あなたの旅がもし長くなったら、梅と柳を、誰と一緒に私は縵《かづら》にしたらいいのだろうか）」という歌を詠んだ。この歌の左注には「但し越中の風土は、梅花と柳絮《りゅうじょ》とは三月に初めて咲くのみ」とあり、家持は三月になっても広縄が帰ってこないのではないかと心配している（『新日本古典文学大系　萬葉集　四』）。平城京へ向かう広縄の道中が雪の影響を受けることを心配していたのかもしれない。結局、広縄が三月中に帰国することはなく、七月には家持が少納言《しょうなごん》に遷任され、都に帰ることになった。家持は、八月四日に不在の広縄の館に二首の悲歌を残して、翌五日に越中を出立した（『万葉集』巻十九―四二四八・四二四九）。平城京への途上、越前掾《じょう》大伴池主《おおとものいけぬし》の館で、正税帳使としての任務を終えて越中へ帰国する途中の広縄と遭遇した（『万葉集』巻十九―四二五二）。つまり、正税帳使となった広縄は、二月に越中を出立して、八月にようやく帰国したのである。八月の帰国はあまりにも遅く、雪の影響以外の理由もあったとみられる。

『延喜式』の規定で二月三十日とされた正税帳の提出期限は、その後変更された。平安中期の右大臣藤原師輔《もろすけ》によって著された有職書『九条年中行事』では、二月三十日を期限とする一般的な国のほかに、飛驒《ひだ》（現在の岐阜県）・信濃・上野《こうずけ》（現在の群馬県）・陸奥《むつ》（現在の東北地方）・下野《しもつけ》（現在の栃木県）・越前・能登・越中・越後・佐渡の一〇ヵ国は四月、出羽と大宰府《だざいふ》は五月が期限とされている。平安中期の故実書『政事要略』では、飛驒・信濃・上野・陸奥・越前・能登・越中・越後が四月、出羽・大宰府が五月とされている。正税帳の提出期限が延長されたこれらの国々をみていくと、飛驒や信濃など東山道の国や遠隔地の大宰府もあるが、平安京から比較的近距離にある越前を含めて、北陸道の諸国が含まれていることが気になる。二月三十日が都への提出期限であれば、国元を出立するのは一月後半から二月中ということになり、北陸道の国々ではやはり雪の影響を受ける時期ということになる。北陸道諸国の正税帳の提出期限が延長されたのは、雪による交通障害の影響に配慮したためではなかろうか。

積雪期の交通

雪の中の往来

ここまで、雪による交通障害にさまざまな対応や対策が取られていたことを見てきた。積雪や吹雪は人々の往来を妨げるものであった。しかし、だからといって雪の季節における交通がまったく途絶してしまったわけではない。雪の中を行き来した人々もいた。

天平勝宝元（七四九）年十二月十五日、越前掾の大伴池主は、駅使《えきし》（駅家《うまや》や駅馬《えきば》の利用を許された公用の使者）を迎えるために、越前国府から越中との国境に近い加賀郡深見村まで行き、そこから越中守の大伴家持へ歌を送っている（『万葉集』巻十八―四一三二・四一三三）。越前国府から深見村までの道中についての詳しい記述はないが、十二月中旬であることからすれば、雪が積もっていたのではなかろうか。また、先述したように、天平勝宝三（七五一）年に正税帳使になった越中掾久米広縄は、二月二日に餞別の宴が催され、同月中には平城京へ向けて出立したとみられる。家持がその道中を心配していたように、雪が残る中での出立となったのかもしれない。

北陸以外では、天平勝宝四（七五二）年十一月二十七日に、平城京で開かれた但馬按察使《たじまあぜち》（地方行政の監督官。但馬は現在の兵庫県）橘奈良麻呂《たちばなのならまろ》の餞別の宴で、家持が「白雪の降り敷く山を越え行かむ君をそもとな息の緒に思ふ（白雪が降り敷いている山を越えて行くあなたを、こんなにひどく死ぬほどに思っています）」（『万葉集』巻十九―四二八一）という歌を詠んでおり、雪の降り積もった山道を越えて但馬へ行く奈良麻呂を思いやっている。また、『更級日記《さらしなにっき》』では、菅原孝標女《すがわらのたかすえのむすめ》が、美濃から近江への途上、「雪降りあれまどふ」吹雪の中を「不破《ふわ》の関」や「あつみの山」を越えており（『更級日記』）、『伊勢物語』では、在原業平《ありわらのなりひら》とみられる主人公が、出家して比叡山の麓の小野に閑居していた惟喬《これたか》親王のもとを、正月に「雪ふみわけて」訪ねている（『伊勢物語』八十三）。

平安中期の歌人橘為仲《たちばなのためなか》は、延久元（一〇六九）年から同四年まで越後守に在任していた。在任中の十月末、隣国信濃の守《かみ》「たかもと」が為仲のもとを訪れた。

十月つごもりごろに、雪降りたるに、信濃の守たかもとがまうできて、遊びしに
思ひきや越路《こしじ》の雪を踏み分けて来ませる君に会はむものとは
(思ったことがあったでしょうか。越路の雪を踏み分けて訪ねて来たあなたにお会いしようとは)
(『橘為仲朝臣集』乙本一一)

信濃守の「たかもと」とは源隆基《たかもと》のこととみられる(川尻秋生「山道と海路」)。越後と信濃の国境地域は豪雪地帯だが、雪を踏み分けて往来する人々もいたのである。十月の月末であることからすれば、まだ雪の季節の序盤であり、積雪はそれほどなかったのかもしれない。

海路の利用

越後へ下向する際、橘為仲は、越中の射水《いみず》や上津(魚津か)を経由する海路を利用した(『橘為仲朝臣集』)。紫式部の兄弟にあたる藤原惟規《のぶのり》も、越後守であった父為時《ためとき》のもとへ赴く際に海路を利用している(『惟規集』)。二人の越後下向時における海路の利用は、雪の季節というわけではないが、雪の時期でも、海が穏やかであれば、陸路の積雪を避けて海路が利用されることがあった。

時期が下る史料だが、藤原定家《ていか》の日記『明月記《めいげつき》』によると、寛喜《かんぎ》元(一二二九)年十月

五日、定家の子の為家が知行国主《ちぎようこくしゆ》（国からの収益が得られる知行権を有した公卿などのこと）となった能登国へ、忠弘《ただひろ》が目代《もくだい》として下向した。忠弘は定家が属した御子左家《みこひだりけ》の大番頭的な存在であったという（村井康彦『藤原定家『明月記』の世界』）。しかし、翌年正月三十日の記事によると、忠弘は妨害にあって国の検注（土地の調査）を実施できなかった。忠弘は「三月までは雪が深くて陸路で能登へ到達することは難しいということだったので、海路で下向したのに、こんなことならば下向する必要はなかった」と後悔している（『明月記』寛喜二年正月三十日条）。

かつて歴史地理学者の木下良氏は、若狭・越前以外の北陸道の諸駅は海岸に位置しており港を兼ねる場合が多いとして、冬季の積雪により、必ずしも駅馬の方が船よりも速くて確実と言えない場合には、船を利用できるようにしていたのではないかと指摘した（木下良「古代北陸道の交通・雑感」）。『明月記』の事例は、まさに木下氏の指摘に合致するものである。さらに木下氏は、『延喜式』に規定された出羽国の最上川《もがみがわ》沿いの水駅《すいえき》についても、積雪による陸上交通の困難時における船の利用を想定した船馬並置であることを指摘している。後述するように、冬季の厳寒のため、川が結氷することもあったが（『続日本紀』宝亀十一〈七八〇〉年二月丁酉条）、積雪によって陸上交通に支障がある場合には、天候が良ければ、海や川を船で往来したのである。

このように、雪の季節であっても、交通がまったく途絶してしまったわけではなかった。

東北の戦いと雪

奈良時代から平安時代の初めにかけて、東北では古代国家と蝦夷《えみし》（古代国家の支配下に入っていない東北地方の住民）との戦いが断続的に繰り広げられた。また、平安時代の中頃と後半には、やはり東北を舞台として、前九年合戦と後三年合戦がおきた。言うまでもなく東北は、日本海側はもちろんのこと、太平洋側でも、ほかの地域に比べて多くの雪が降る。雪はこれらの戦いにどのような影響を与えたのだろうか。ここでは、古代の東北で繰り広げられた戦いと雪との関係を見ていこう。

蝦夷との戦い

古代国家は、蝦夷との戦いにおいて、意図的に雪の時期を避けていたようである（三宅和朗「雪を感じる」）。例えば、宝亀七（七七六）年の征夷《せいい》では、二月の時点で「来る四月上旬を取りて、軍士二万人を発《おこ》して山海二道の賊を伐《う》つべし」（『続日本紀』宝亀七年二月甲子条）として、四月上旬の征討開始を計画している。また、延暦八（七八九）年の桓武天皇による第一次征討では、征夷の前年（延暦七年）に東海・東山・坂東諸国の歩兵・騎兵を来年三月までに多賀城に集結させることを命じ（『続日本紀』延暦七年三月辛亥条）、実際、翌年（延暦八年）三月に諸国の軍が多賀城に集結して進軍を開始している（『続日本紀』延暦八年三月辛亥条）。さらに、文室綿麻呂《ふんやのわたまろ》による弘仁二（八一一）年の征夷においても、二月の段階で「来る六月上旬、両国の軍士、分頭して発入せむ」として、六月に入ってからの征夷を計画している（『日本後紀』弘仁二年五月壬子条）。これらの事例では、雪のことは直接言及されていないが、前もって三月以降の征討開始を計画していることは、古代国家が蝦夷との戦いにおいて雪の時期を意図的に避けていたことを示すのであろう。

一方、蝦夷の側も雪の時期の戦いを避けていたのかもしれない（三宅和朗「雪を感じる」）。蝦夷が反乱を起こした時期をみてみると、養老《ようろう》四（七二〇）年には九月に反乱を起こして按察使《あぜち》上毛野広人《かみつけぬのひろひと》を殺害し（『続日本紀』養老四年九月丁丑条）、神亀元（七二四）年には三月に海道《かいどう》の蝦夷が反し、陸奥大掾《だいじょう》佐伯児屋麻呂《さえきのこやまろ》を殺害した（『続日本紀』神亀元年三月甲申条）。どちらの場合も、その後、古代国家は将軍らを任じて征討を行い、その年の十一月には戦闘が終了している。また、宝亀五（七七四）年には、七月に海道の蝦夷が軍勢を発し、橋を焼き道を塞《ふさ》ぎ、往来を途絶させた（『続日本紀』宝亀五年七月壬戌条）。この時も戦いは十月には終結しており、夏から秋にかけての戦闘だった（『続日本紀』宝亀六年三月丙辰条）。

これらの事例からすると、古代国家と蝦夷の双方ともに、雪の時期の戦いは極力避けようとしていたとみられる。

雪の中の戦闘

もちろん、雪の時期に戦闘が行われることもあった。宝亀十一（七八〇）年は、三月に伊治呰麻呂《これはりのあざまろ》が反乱を起こし、按察使紀広純《きのひろずみ》を殺害して多賀城に攻め入った。その後、征東大使らが任命されて征夷が開始される。しかし、実はその前から小競り合いがあった。二月二日、陸奥国から次のような報告があった。「船路《ふなじ》をとってわずかに残った賊（＝蝦夷）を打ち払おうと思うが、このごろははなはだ寒く、川（＝北上川）が結氷してしまって船を通すことができない。ところが今、賊の来襲が止まない。そこで、まずは賊が侵攻してくる道（「寇道《こうどう》」）を塞ぎ、その上で軍士三〇〇〇人を動員して、三・四月に雪が解けて、雨水が満ち溢《あふ》れたら、ただちに賊の地に進出して、覚鱉城《かくべつじょう》を築きたい」と（『続日本紀』宝亀十一年二月丁酉条）。陸奥国軍が北上川の結氷によって動けずにいる時に、蝦夷は攻撃を仕掛けてきているのである。「三・四月に雪が解けて」とあるので、蝦夷は雪が残る中で攻めてきたとみられる。この時の蝦夷の攻撃については、二月十一日の陸奥国からの二度目の報告によって、蝦夷が正月二十六日に長岡（宮城県大崎市）の地に侵入して民衆の家を焼き、陸奥国軍も迎え撃ったことが知られる（『続日本紀』宝亀十一年二月丙午条）。宝亀十一年正月二十六日は現在のグレゴリオ暦では三月十一日にあたる。春先の雪が残る中での戦闘だったようだ。

前述のように、この年は伊治呰麻呂が三月に反乱を起こしたことにより征東大使が任じられ、征夷が実施された。しかし、征夷は順調に進まず、九月には征東大使が交替した。ところが、新たに征東大使に任命・派遣された藤原小黒麻呂《おぐろまろ》も、十月に「今年は征討すべからず」と奏上した。これに対して時の光仁《こうにん》天皇は征討軍の緩怠《かんたい》・停滞を叱責し、「まだ建子《けんし》（＝十一月）になっていないのだから出兵すべきである」として征夷の実施を強く促した（『続日本紀』宝亀十一年十月己未条）。十一月以降は征夷が難しいという認識がうかがえる点は、雪との関係で興味深い。結局、小黒麻呂は、十二月十日に、「二〇〇〇人の兵を派遣して、鷲座《わしくら》・楯座《たてくら》・石沢《いさわ》・大菅屋《おおすがや》・柳沢《やなぎさわ》などの五道を経略し、木を切って道を塞《ふさ》ぎ、深い溝を掘って、逆賊（＝蝦夷）の拠点となる要害を遮断した」と報告した（『続日本紀』宝亀十一年十二月庚子条）。この「五道」は、先に見た二月二日の陸奥国の報告にあった「寇道」にあたると考えられている（鈴木拓也「光仁・桓武朝の征夷」）。小黒麻呂は、蝦夷が以前と同様に雪の中を攻撃してくることを想定して、「五道」（＝「寇道」）を塞いで、防御を固めたのである。宝亀十一年十二月十日は、現在のグレゴリオ暦では翌年の正月十三日にあたる。

意図的に雪の時期を選んで、敵方を襲撃した事例もみられる。弘仁二（八一一）年の文室綿麻呂による征夷では、前述のように、二月の段階で六月に入ってからの征討が計画されていた。しかし、それとは別に、出羽守《かみ》大伴今人《いまひと》は独自に蝦夷に対する攻撃を行った（黒板伸夫・森田悌編『日本後紀』）。『日本後紀』によると今人は、勇敢な俘囚《ふしゅう》（服属した蝦夷）三〇〇人余りを動員して、敵の不意を突いて、雪を侵して攻撃を仕掛け、爾薩体《にさちて》（岩手県と青森県の県境の地域）の蝦夷六〇人余りを殺戮したという（『日本後紀』弘仁二年三月甲寅条）。この攻撃で注目される点は、俘囚を動員していることである。先にみた宝亀十一年春先の残雪の中での戦闘でも、北上川の結氷で動けない陸奥国軍に対して、蝦夷は攻撃を仕掛けてきた。雪の時期の戦いは、やはり雪の生活に慣れた蝦夷（俘囚）のほうが得意だったのであろう。

奥羽連絡路の開削と雪

天平九（七三七）年、太平洋側の多賀柵《たがのさく》（のちの多賀城）と日本海側の出《で》羽柵《わのさく》（のちの秋田城）をつなぐ奥羽連絡路の開削が計画された。連絡路は途中の比羅保許《ひらほこ》山まで開通したが、雪のためここで断念せざるを得なくなった。その様子をみていこう（今泉隆雄「天平九年の奥羽連絡路開通計画」、永田英明「城柵の設置と新たな蝦夷支配」）。

この年の正月、陸奥按察使の大野東人《あずまひと》は、男勝《おがち》村（雄勝村）を攻略して、陸奥国から出羽柵に達する直路を通すことを政府に求めた。これに対して政府は、持節大使《じせつたいし》（天皇から節刀を賜った大使）藤原麻呂《まろ》、副使佐伯豊人《とよひと》らを陸奥国へ派遣した（『続日本紀』天平九年正月丙申条）。二月二十五日、東人は騎兵や鎮兵、陸奥国の軍団兵士らを率いて多賀柵を出発した。三月中に奥羽山脈を横断し、出羽国最上郡玉野《たまの》（山形県尾花沢《おばなざわ》市玉野付近）を経て、比羅保許山（山形県金山《かねやま》町付近か）まで開通させて、その後いったん陸奥側の色《しか》麻柵《まのさく》（宮城県加美町城生《じょう》遺跡か）に戻った。のちに触れるように、この年の春（正～三月）は例年に倍する大雪で、四月に入っても雪が消えずに残っていた。東人が率いる一隊は、そのような状況の中で「あるいは石を剋《いわ》り、樹を伐《き》り、あるいは澗《たに》を塡《うず》め峯《みね》を疏《けず》」りながら新たな道を開通させたのである。ちなみに東人が多賀柵を発した天平九年二月二十五日は、グレゴリオ暦では四月三日にあたる。かなり遅い時期の大雪だったようだ。

四月一日、東人は再び色麻柵を発し、その日のうちに出羽国最上郡の大室《おおむろ》駅に到着した。大室駅では出羽守の田辺難波《なにわ》が出羽国の軍団兵士らを率いて待っていた。四月三日、東人

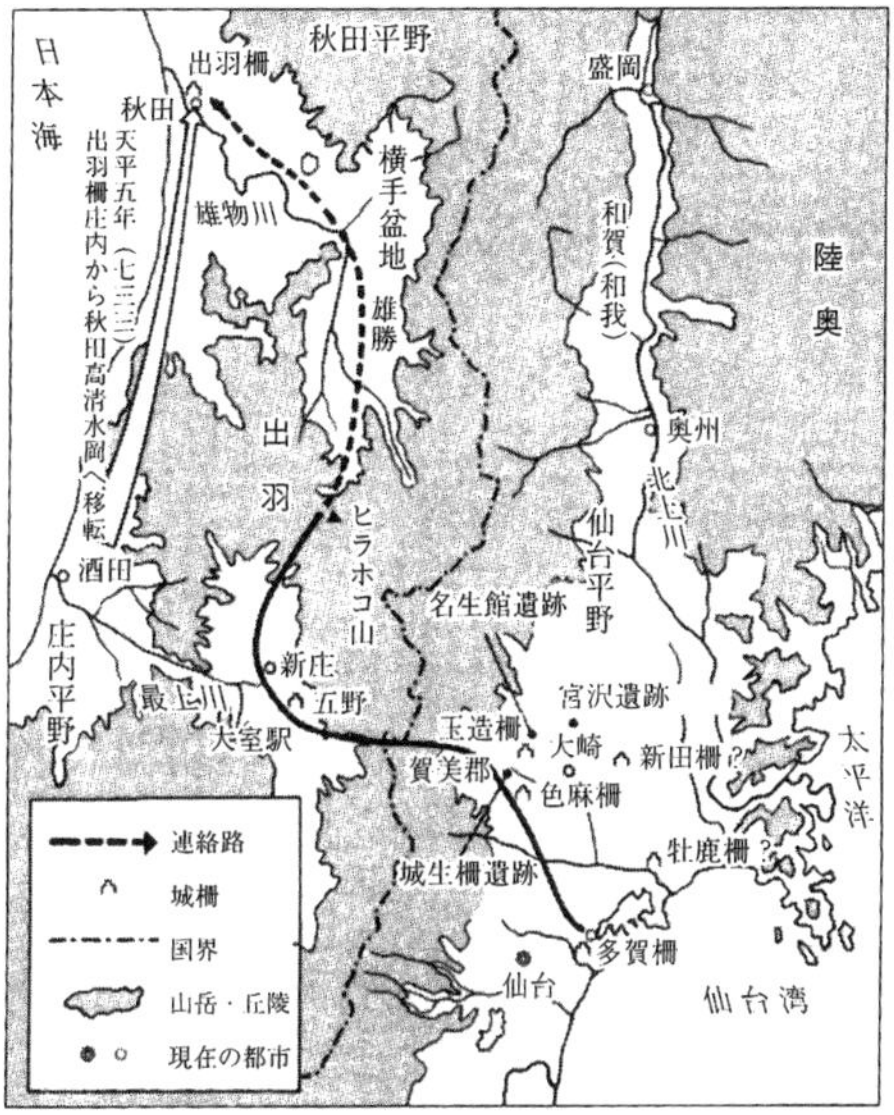

図17　奥羽連絡路開削計画（永田英明「城柵の設置と新たな蝦夷支配」熊谷公男編『東北の古代史3　蝦夷と城柵の時代』吉川弘文館，2015年掲載図を転載）

は難波とともに大室駅を出発し、翌日（四月四日）には比羅保許山に到着して駐屯した。ここで東人と難波は協議をして雄勝村への進軍を断念した。難波の意見は、「武力による征討は上策ではない。すでに官軍の勢威を示したので、今はここから引き揚げ、のちに俘《ふ》狄《てき》（＝蝦夷）を教え諭して、恩恵によって帰順させるのがよいだろう」というものであり、東人もこの意見に同意したのである。また、東人の当初の計画では、速やかに雄勝の地に入り、耕種《こうしゅ》して穀《こく》を貯え、それによって軍糧《ぐんりょう》を運ぶ負担を省くつもりだった。ところが、この年の春は例年に倍する大雪だったため、耕種の時機を逃してしまった。東人は、「雄勝の地に入り城柵を造営したとしても、城柵を守る兵の食糧がなくては維持できない」として、軍を引き上げる決断をしたのである。つまり、春（正〜三月）に降った大雪が、四月になっても消えずに残っていて、そのため農耕（耕種）を開始できなかったことが、雄勝の地への侵攻を断念した理由の一つであった。

東人らの一連の行動は、持節大使の藤原麻呂によって中央政府へ報告された。その中で麻呂は「賊の地は雪が深く秣《まぐさ》が得られない。そのため、雪が消えて草が生える時期になってから改めて進発する」と述べている（以上、『続日本紀』天平九年四月戊午条）。なかなか消えずに、遅い時期まで残っていた雪は、兵の食糧を確保するのに必要な農耕を始められなかったり、騎馬の餌になる秣を得られないという大きな問題を引き起こしたのである。東人らが雄勝への進軍を断念した天平九年四月四日は、現在のグレゴリオ暦では五月十二日にあたる。ゴールデンウィーク過ぎまで耕種できないほどの雪が残っていたのである。

前九年合戦　永承《えいしょう》六（一〇五一）年、陸奥国の奥六郡《おくろくぐん》（胆沢《いさわ》・和賀《わが》・江刺《えさし》・稗貫《ひえぬき》・志波《しわ》・岩手《いわて》）を支配基盤とする安倍頼良《よりよし》は、鬼切部《おにきりべ》（宮城県大崎市鬼首か）で陸奥守藤原登任《なりとう》・秋田城介《すけ》平重成《しげなり》と戦い勝利した（『陸奥話記』）。前九年合戦の始まりである（関幸彦『東北の争乱と奥州合戦』）。鬼切部の戦いの後、後任の陸奥守に河内源氏の源頼義《よりよし》が任命され、また大赦《たいしゃ》によって罪が許されたこともあって、安倍頼良は源頼義に帰順し、名を頼時《よりとき》と改めた。これによって一時平穏になったが、天喜四（一〇五六）年の阿久利川《あくとがわ》事件（陸奥権守《ごんのかみ》藤原説貞《ときさだ》の子の光貞《みつさだ》・元貞《もとさだ》の野営で発生した人馬殺傷の嫌疑が安倍頼時の長男貞任《さだとう》にかけられた事件）をきっかけとして、安倍頼時と源頼義は本格的な戦闘状態に入った。

この後の前九年合戦において、戦闘の勝敗に雪が大きく影響したのは、天喜五（一〇五七）年十一月の黄海《きのみ》の戦いである。安倍頼時はすでに没しており、子息の貞任・宗任《むねとう》が安倍氏の軍勢を率いていた。戦いの舞台の黄海は、現在の岩手県一関市藤沢町黄海の地である。『陸奥話記』はこの時の戦闘を次のように記している。

同年十一月に、将軍、兵千八百余人を率ゐて、貞任らを討たむと欲す。貞任らは精兵四千余人を率ゐて、金為行《こんのためゆき》の河崎の柵を以て営となして、黄海に拒《ふせ》ぎ戦ふ。時に、風雪甚《はなは》だ励《はげ》しく、道路艱難《かんなん》たり。官軍食無く、人馬共に疲る。賊類は新羈《しんき》の馬を馳《は》せ、疲足《ひそく》の軍に敵す。唯《ただ》に客主《きやくしゆ》の勢の異なるのみに非《あら》ず、また寡衆《かしゆう》の力の別なることと有り。官軍大いに敗れ、死する者数百人なり。（『陸奥話記』）

天喜五年十一月、源頼義は一八〇〇人余りの兵を率いて安部貞任らを攻めようとした。一方の貞任らは精鋭の兵士四〇〇〇人余りを率いて、金為行の河崎の柵を本営として黄海で防ぎ戦った。この時、激しい風雪（吹雪）によって頼義軍は進軍を阻まれ、また食糧が乏しく、人馬ともに疲弊した。一方の貞任らの軍は、新手《あらて》の馬を走らせ、疲れた頼義軍を攻めた。ただ、遠征軍と地元の軍との勢いの違いというだけではなく、兵の数の差もあり、頼義軍は大敗し、死者は数百人に及んだ。

吹雪のために進軍できず、また食糧の調達がままならず疲弊していた頼義軍に対して、貞任らの軍は新手の馬を馳せて果敢に攻めかかった。頼義軍は坂東の兵を主体とする遠征軍であり、貞任らの軍は地元の軍勢である。雪に対する慣れの違いが、この戦闘の勝敗を決したのであろう。前九年合戦は、それから五年後の康平五（一〇六二）年の厨川柵《くりやがわのさく》の戦いで、貞任が討ち取られ、宗任が投降して終結した。

後三年合戦

前九年合戦において、源頼義の要請に応じて出兵した清原氏は、従来の支配地域である出羽国の仙北《せんぼく》三郡（雄勝《おがち》・平鹿《ひらか》・山本《やまもと》）に加えて、安倍氏の

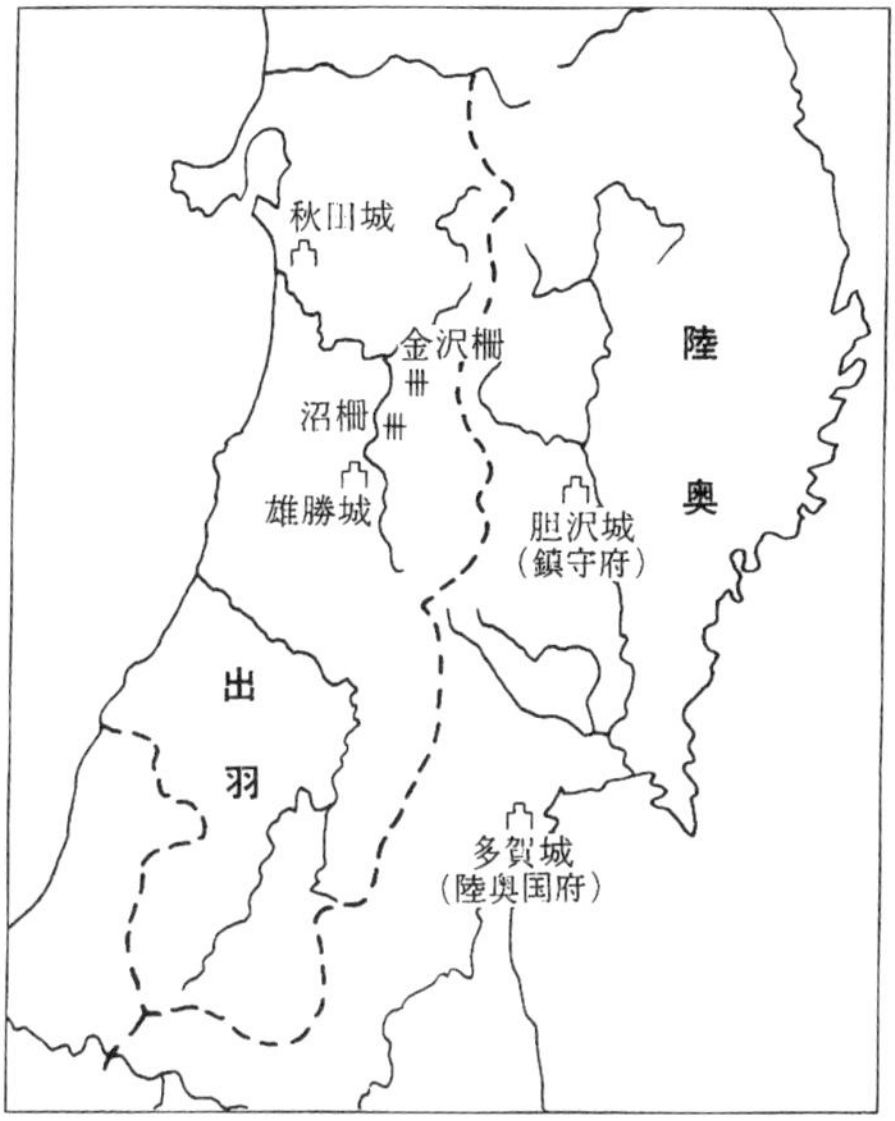

図18　後三年合戦関係地図（関幸彦『戦争の日本史５　東北の争乱と奥州合戦』吉川弘文館，2006年掲載図を転載）

旧支配地域である陸奥国の奥六郡に対する実質的支配権も獲得し、拠点を出羽から陸奥へ移した。ところが、永保三（一〇八三）年、清原氏は嫡流の真衡《さねひら》と、その弟の清衡《きよひら》・家衡《いえひら》との間で内紛を起こし、また、この年陸奥守として赴任した源義家《よしいえ》（頼義の長子）がこの争いに介入した。後三年合戦の始まりである。内紛は真衡の突然の死により一時小康状態となったが、応徳三（一〇八六）年、家衡が清衡の館を襲撃し再び激化する。清衡は難を逃れたが、妻子眷属《けんぞく》を殺害された。この後、清衡の訴えを聞き入れた義家は、数千騎の軍勢を率いて家衡が籠る沼柵《ぬまのさく》を攻撃した。しかし、戦いは膠着状態のまま数ヵ月を経て冬を迎えた。室町時代中期の官人中原康富《やすとみ》の日記『康富記《やすとみき》』の文安元（一四四四）年閏六月二十三日条には、承安元（一一七一）年に製作された後三年合戦絵巻の詞書《ことばがき》が抄録されている（関幸彦『東北の争乱と奥州合戦』）。沼柵の戦いについては次のように描写されている。

> 清衡、太守《たいしゅ》に参じ、この歎きを訴へ申しし間、自ら数千騎を率ゐて、家衡が城、沼柵へ発向《はっこう》す。数月《すげつ》を送り、大雪に遇《あ》ふ。官軍、闘《たたか》ひの利を失ひ、飢寒《きかん》に及ぶ。軍兵、多く寒死《こごえじに》し、飢死《うえじに》す。或《あるい》は馬肉を切り食い、或は太守、人を懐《いだ》きて温を得しめ、蘇生せしむ。かくの如き後《のち》、重ねて大軍を率ゐて、これに進発せむとす。

冬を迎えて大雪にみまわれた義家・清衡軍は、戦況が不利になり、飢えや寒さに苦しんだ。多くの兵が、凍え死んだり、飢え死にしたりした。飢えた者の中には馬を殺して肉を切って食べた者もいた。凍えた者の中には、義家がみずからその者を抱いて暖めて蘇生させた者もいた。このような状況だったので、義家はいったん軍を引き揚げ、改めて大軍を率いて沼柵へ進撃することにしたのである。（野中哲照『後三年記詳注』）

この記述からは、大雪による寒さや飢えに襲われた義家・清衡軍の悲惨な状況が読み取れる。注目したいのは、義家・清衡軍が大雪による極寒に苦しめられただけでなく、飢餓にも苦しめられた点である。言うまでもなく、大雪で交通が途絶したため、食糧を確保できなくなったことが飢餓の原因である。この時の凄惨な苦しみは、兵たちの心に強く記憶され、そして翌年、悪夢として思い起こされることになる。

沼柵の戦いの翌年、寛治元（一〇八七）年九月、義家・清衡軍は数万騎の大軍勢を率いて金沢柵《かねざわのさく》に向けて進発した。金沢柵を取り囲んだまま、季節は秋から冬になった。平安末期成立の『奥州後三年記』は次のように記している（樋口知志「後三年合戦から平泉開府へ」）。

城を捲《ま》きて、秋より冬に及びぬ。寒く冷たくなりて、皆、凍えて、各々《おのおの》悲しみて言ふやう、「去年《こぞ》のごとくに大雪降らむこと、すでに今日・明日のことなり。雪に遇《あ》ひなば、凍え死なむこと、疑ふべからず。妻子ども皆、国府にあり。各々、いかでか京へ上るべき」と言ひて、泣く泣く文ども書きて、「我らは、一定《いちじょう》、雪に溺れて死なむとす。これを売りて糧料《ろうりょう》として、いかにもして京へ帰り上るべし」と言ひて、我が着たる着背長《きせなが》を脱ぎ、乗馬《のりうま》どもを国府へ遣る。（野中哲照『後三年記詳注』）

冬が到来し、寒さに凍える兵たちは皆、「去年のように大雪が降るのも、もはや今日・明日のことだ。大雪になったら間違いなく凍え死んでしまう。自分が死んでしまったら、国府にいる妻子どもはどうやって都へ帰れるだろうか」と言って悲しんだ。そして泣く泣く、「我らはきっと雪に埋もれて死んでしまうだろう。これを売って食費として、何としてでも都へ帰りなさい」と、国府にいる妻子らに手紙を書き、着ていた鎧《よろい》を脱いで、乗用の馬とともに国府へ送ったという。義家・清衡軍の兵たちは、一年前の沼柵での壮絶な状況を思い起こし、大雪の到来を極端に恐れているのである。義家・清衡軍の将の一人吉彦秀武《きみこのひでたけ》も、金沢柵に対する兵糧攻めを急ぐ理由として、「すでに雪の期になりたることを、夜昼、惧《おそ》れとす」と、雪の到来を日夜恐れていることを義家に語っている。

十一月十四日の夜、金沢柵が陥落した。結局、この時まで雪が降ることはなかった。この年（寛治元年〈一〇八七〉）の十一月十四日は現在のグレゴリオ暦では十二月十七日にあたる。秋田地方における一般的な初雪は十一月中旬（グレゴリオ暦）なので、この年は例年よりひと月遅れても初雪が降らなかったということになる（野中哲照『後三年記詳注』）。

雪国の民衆の暮らし

雪の道具

ここまで、雪と古代の人々とのさまざまなかかわりや、雪がもたらした被害と、それへの対応・対策などについてみてきたが、雪の影響を最も受けていたのは、やはり豪雪地帯に暮らした雪国の民衆であろう。

しかし、古代の雪国の民衆生活に関する史料はほとんどない。わずかに、和歌の中にそれがうかがえるものがいくつかあるが、それとても都の貴族が詠んだ和歌であり、必ずしも実際に雪国の民衆の暮らしぶりを見て詠んだものとは限らない。ましてや、雪国の民衆が雪に対して懐いた思いなどは知る由もない。

ここではまず、和歌に詠まれた雪の道具に注目して、雪国の民衆生活の一端を垣間見ていきたい。また、時代が大きく異なるが、江戸時代後期の雪国の人々の生活を描く『北越《ほくえつ》雪譜《せっぷ》』（鈴木牧之《ぼくし》著。天保八〈一八三七〉年初編刊行）の記述を参考にしつつ、古代の雪国に生きた民衆の雪に対する思いにも考えを巡らせてみることにしよう。

コスキ

治承《じしょう》四（一一八〇）年、源頼政《よりまさ》は、後白河《ごしらかわ》法皇の皇子以仁王《もちひとおう》を奉じて平家打倒の兵を挙げた。その頼政の父仲正《なかまさ》は、『金葉和歌集《きんようわかしゅう》』や『詞花和歌集《しかわかしゅう》』などに入集《にっしゅう》（和歌が採録されること）した歌人としても知られる人物である（『尊卑《そんぴ》分脈《ぶんみゃく》』）。

夜もすがらふせやがうへにつむ雪をいく度《たび》かきつこしの里人
（一晩中、伏屋の上に積もった雪を何度かいたのだろうか高志《こし》の里人は）
（『夫木和歌抄《ふぼくわかしょう》』七二三四）

『夫木和歌抄』に収録された仲正の右の歌からは、伏屋（小さな家）の屋根に積もった雪を、一晩中、何度も雪かきする高志《こし》（越＝北陸地方）の民衆の様子がうかがえる。降り積もった雪の重みによって、建物が倒壊してしまうことがあったことは、先に見たとおりである（一五二ページ）。雪国の人々はどのような道具を使って雪かきをしたのであろうか。
前述のように、平安京における雪山作りの際には、エブリが雪かきの道具として使われ

図19　屋上雪掘図（『北越雪譜』初篇巻之上，国立国会図書館デジタルコレクション https://dl.ndl.go.jp/pid/767984）

ていた（一〇一ページ）。エブリは、長い柄の先に横板を付けた農具の一種で、土塊を砕いたり、地面を平坦にならしたり、穀物を掻き寄せたりするのに使う道具である。除雪の作業では、積もった雪を掻き集めたり、掻き出したりと、文字通りの「雪掻き」をする際には使い勝手の良い道具と思われる。しかし、建物が雪で埋まってしまうような大雪の場合には、ほとんど役に立たないのではなかろうか。エブリは、あまり雪が積もっていない状況での雪かきの道具といえよう。それでは、高志のような雪国の除雪作業ではどのような道具が使われたのであろうか。管見の限り、古代の史料からはそれを確認できず不明とせざるをえない。

『北越雪譜』によると、「雪掘《ゆきほり》」の時には「こすき」（木鋤）と呼ばれる道具が使われた。

初雪の積《つも》りたるをそのまゝにおけば、再び下《ふ》る雪を添へて一丈にあまる事もあれば、一度降《ふれ》ば一度掃《はら》ふ雪浅ければのちふるをまつ。是を里言《さとことば》に雪掘《ゆきほり》といふ。土を掘《ほる》がごとくするゆゑに斲《かく》いふ也。（中略）掘るには木にて作りたる鋤《すき》を用《もち》ふ、里言にこすきといふ。則《すなはち》木鋤《こすき》也。椈《ぶな》といふ木をもって作る。木質《きのしやう》軽強《ねばく》して折《おる》る事なく且軽《かつかろ》し。形は鋤に似て刃広し。雪中第一の用具なれば、山中の人これを作りて里に売《うる》。家毎《いへごと》に貯《たくはへ》ざるはなし。

（『北越雪譜』「雪を掃ふ」）

「こすき」は折れにくくて軽いブナの木で作られ、形は鋤《すき》に似ているが刃（雪を載せる部分）の幅が広く、「雪中第一の用具」であるという。現在、新潟県の十日町《とおかまち》市博物館には、重要有形民俗文化財「十日町の積雪期用具」として多くのコスキ（コシキ）が収蔵されている。刃先の幅は二五～三〇センチほどである（十日町市博物館『雪国十日町の暮らしと民具　重要有形民俗文化財十日町の積雪期用具図録』）。これに対して農具の一本鋤の幅は一五センチ前後が一般的とされるので（黒崎直編著『日本の美術三五七　古代の農具』）、確かにコスキのほうが幅が広い。

発掘調査では、新潟県長岡市大武《だいぶ》遺跡、同県南魚沼市坂戸《さかと》城《じょう》跡、同県上越《じょうえつ》市春日山《かすがやま》城跡で中世のコスキが出土している（図20、『大武遺跡Ⅰ（中世編）』『坂戸城埋田堀確認調査』『国指定史跡春日山城跡発掘調査概報Ⅷ』）。コスキの刃の幅は、大武遺跡出土のもの

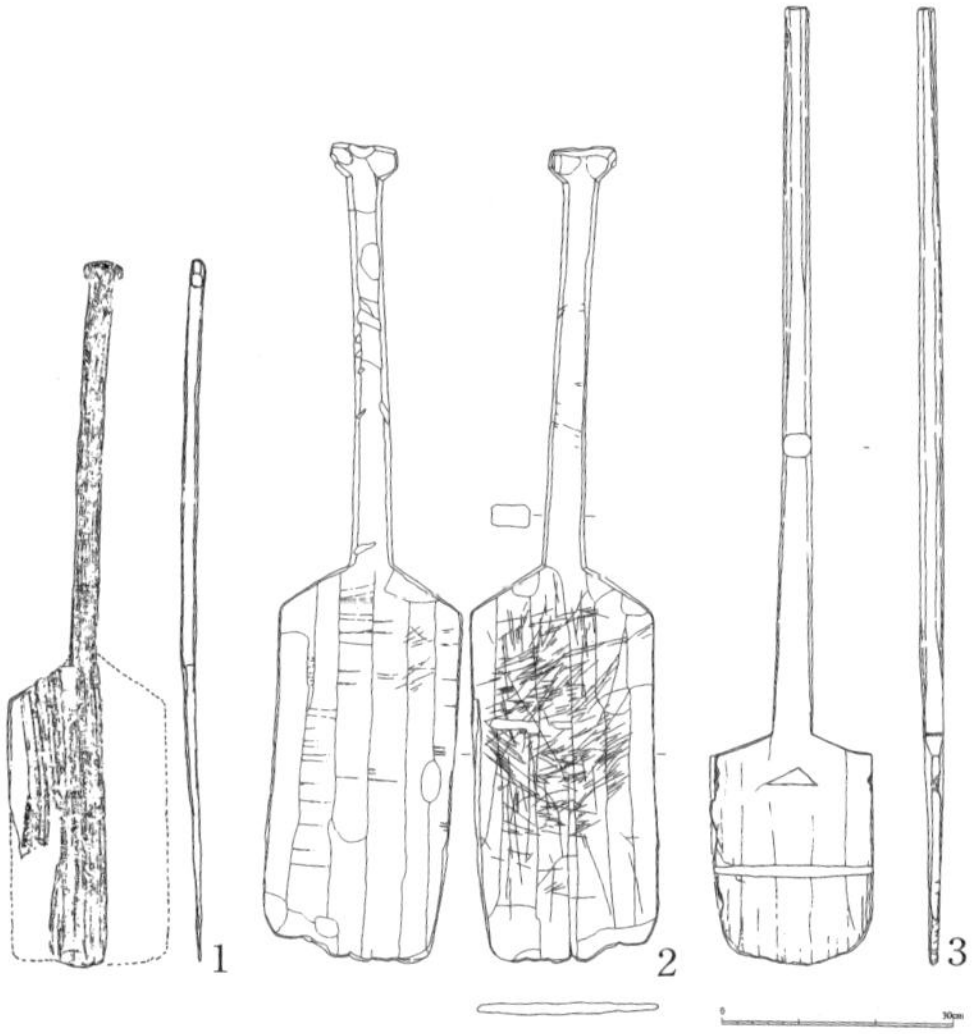

図20　出土したコスキ・バンバ（1．坂戸城跡，2．大武遺跡，3．一乗谷　各報告書から転載）

が二四センチ、春日山城跡出土のものが二四・五センチである。福井県福井市一《いち》乗谷《じょうだに》朝倉氏遺跡では、バンバと呼ばれる中世の除雪道具が出土している（図20、『特別史跡一乗谷朝倉氏遺跡発掘調査報告Ⅸ』）。バンバは新潟県の中世遺跡で出土したコスキにくらべて柄が長く、刃が小さい。

古代のコスキやバンバの出土については寡聞《かぶん》にして知らない。今後の出土が期待される。また、当然のことながら、雪国では農具の鋤を除雪の道具として使用することもあったであろう（関和彦「雪の古代史」）。

さて、古代の雪国の民衆はどのような思いで雪かきをしていたのであろうか。むろん、それがわかる史料はない。『北越雪譜』には次のような一節がある。

この雪いくばくの力をつひやし、いくばくの銭を費《つひや》し、終日ほりたる跡《あと》へその夜大雪降り、夜明けてみれば元のごとし。かゝる時は主人《あるじ》はさら也、下人《しもべ》も頭《かしら》を低《たれ》て歎息《ためいき》をつくのみ也。

（『北越雪譜』「雪を掃ふ」）

労力と財を費やして一日中除雪しても、その夜再び大雪が降り、一夜明けると元に戻っている。半ばあきらめに近い徒労感がうかがえよう。古代の雪国に暮らした民衆の思いも同じようなものだったのではないだろうか。

カンジキ

大雪のあとに雪上を歩くには、積もった雪を踏み固めて、道を作りながら歩行しなければならない。その際に使われた道具がカンジキである。

かじきはくこしの山路の旅すらも雪にしづまぬ身をかまふとか

（かじきを履いて行く高志の山路の旅ですらも、雪に沈まないように身構えるとか）

（『夫木和歌抄』七一三二）

これは『夫木和歌抄』に収録された、前出の源仲正の和歌である。歌中の「かじき」はカンジキのことである。カンジキを履いて高志の山道を行く旅人が、雪に沈まないように用心している様子がうかがえよう。

院政期の遁世者、また歌人として著名な西行《さいぎょう》の私家集《しかしゅう》『山家集《さんかしゅう》』には、次のような和歌が収録されている。

あらち山さかしくくだる谷もなくかじきの道をつくるしら雪

（愛発山は険しくて下る谷もなく、白雪の上をかじきの道が作られている）

（『山家集』）

雪の愛発山《あらち》（近江・越前国境の山塊）に「かじきの道」ができていたことが詠まれている。「かじきの道」とは、カンジキを履いて、積もった雪を踏み固めながら歩いてできた細い雪道のことであろう。

同じく院政期の公卿で歌人の藤原教長《のりなが》の次の和歌からは、カンジキが雪道を歩く際の必需品であったことが読み取れる。『貧道集《ひんどうしゅう》』は教長の私家集である。

あさだちにかじきもしらでたび人の降りそふ雪をわけぞわづらふ

（朝早い出発に、かじきも知らない旅人は、降り増す雪をかき分けて行くのに難儀する）

（『貧道集』五七三）

カンジキ（かじき）が詠み込まれたこれらの和歌は、いずれも院政期のものだが、『北越雪譜』の次の記述を読むと、その理解がより深まる。

冬の雪は脆《やはらか》なるゆゑ人の踏固《ふみかため》たる跡《あと》をゆくはやすけれど、往来《ゆきゝ》の旅人一宿《しゆく》の夜大雪降《ふれ》ばふみかためたる一条《すじ》の雪道、雪に埋《うづま》り途《みち》をうしなふゆゑ、郊原《のはら》にいたりては方位《はうがく》をわかちがたし。この時は里人《さとひと》幾十人を傭《やと》ひ、橇《かんじき》・綛《すかり》にて道を踏開《ふみひらか》せ、跡に随《したがつ》て行《ゆく》なり。（中略）健足《けんそく》の飛脚といへども雪途《みち》を行《ゆく》は一日二、三里に過《すぎ》ず。橇《かんじき》にて足自在ならず、雪膝《ひざ》を越すゆゑなり。これ冬の雪中一ツの艱難《かんなん》なり。

（『北越雪譜』「雪道」）

大雪になると道が雪で埋まり、平地では一面の雪原となってしまう。そのため、カンジキやスカリ（大型のカンジキ）を履いて、積もった雪を踏み固めて、道を作りながら進んで行くのである。カンジキは雪上を歩く際の必需品であったが、足の自由が利かなくなるため、健足の飛脚でも一日に二、三里（八〜一二キロ）ほどしか進めなかったという。

ソリ

雪上の運搬用具としてはソリが使われた。

跡《あと》たゆるあらちの山の雪ごえにそりのつなでをひきぞわづらふ

（人の往来が途絶えてしまった愛発山の雪越えでは、ソリの綱手を引くのに苦労する）

（『夫木和歌抄』七一一七）

『夫木和歌抄』に収録された院政期の公卿藤原親隆《ちかたか》の右の和歌からは、ソリの「つなで」（綱手＝引き綱）を引いて雪の愛発山を越える様子がうかがえる。

図21　ソリで運ぶ（『北越雪譜』初篇巻之下，国立国会図書館デジタルコレクション https://dl.ndl.go.jp/pid/767986）

ソリには荷物を載せるだけでなく人が乗ることもあったようだ。

はつみ雪ふりにけらしなあらち山こしの旅人そりにのるまで
（愛発山に初雪が降ったらしい、高志の旅人がソリに乗るほどまでに）

（『夫木和歌抄』七一一三）

同じく院政期の歌人源兼昌《かねまさ》の右の和歌では、高志の旅人がソリに乗るほどまでに愛発山に初雪が降ったようだと詠んでいる。旅人が乗ったソリは誰が引いたのであろうか。

愛発山に作られた「かじきの道」を詠んだ西行《さいぎょう》は、次のような和歌も残している。

たゆみつつ橇《そり》の早緒《はやお》も著《つ》けなくに積《つも》りにけりな越の白雪《しらゆき》
（油断し続けてソリの早緒も付けていないのに、積もってしまったなぁ、高志の白雪は）

（『山家集』五二九）

油断をしてしまい、ソリに「はやを」（早緒＝引き綱）をつけないうちに雪が積もってしまったと詠まれている。高志では、雪が降る前にソリに引き綱をつけることが習慣だったようだ。ソリが雪の季節には欠かせない重要な道具だったことがうかがえよう。ただし、柔らかい雪の上ではソリを走らすことはできない。『北越雪譜』に「春は雪凍《こほり》て鉄石《てつせき》のごとくなれば、雪車《そり》又雪舟《そり》の字をも用《もち》ふを以て重《おもき》を乗す」（『北越雪譜』「雪道」）とあるように、春先の硬く凍りついた雪上や、柔らかい雪を踏み固めた雪道でソリをひいたのであろう。

現在に伝わる民具のソリでは、雪に接する台木《だいぎ》が二本の二本橇《にほんぞり》のほか、台木が一本の一《いっ》本橇《ぽんぞり》、雪に接する部分が板や竹などで幅が広い一枚橇《いちまいぞり》などがあり、このうち二本橇がもっとも多くて基本的な形式だという（勝部正郊『雪の民具』）。発掘調査による出土品では、新潟県南魚沼市坂戸城跡で、中世のソリの部材（台木の上に横木を乗せる部分）が出土している（『坂戸城埋田堀確認調査』）。しかし、古代の雪国の民衆が使っていたソリがどのような形状をしていたのか、不明とせざるをえない。古代のソリの出土が期待される。

しるしの棹

大雪になると、さまざまなものが雪で覆われてしまい、その位置が分からなくなってしまう。特定のものの位置がわかるように、あらかじめ立てておく棹《さお》をしるしの棹という。

こしの山たておくさほのかひぞなき日をふる雪にしるるし見えねば
（高志の山に立てておいた棹のかいがない。幾日も降る雪でしるしがみえないので）
（『夫木和歌抄』七一二七）

はつ雪のしるしのさほはたてしかどそこことも見えずこしのしら山
（初雪の時にしるしの棹は立てたけれども、どこかわからなくなってしまった高志の白山）
（『夫木和歌抄』七一二八）

右の二首は、どちらも承安二（一一七二）年十二月の東山歌合《うたあわせ》（歌人が左右に分かれ、一首ずつ和歌を出しあって優劣を競う遊戯）で詠まれた大炊御門《おおいみかど》右大臣家佐《いえすけ》の和歌である。しるしの棹を立てておいたが、それを越える積雪のため棹が見えなくなってしまったことが詠まれている。前述のように、大雪になると平地は雪で覆われて一面の雪原となる。道も雪で埋まり、どこが道なのかわからなくなってしまう。しるしの棹は道の場所を示すためにも立てられたのではなかろうか。

ところで、『北越雪譜』によると、越後の高田城（新潟県上越市）では、大手先の広場に、木を方形に削って一尺（約三〇㌢）ごとに印をつけた、長さ一丈（約三㍍）の木を立て、これを雪竿《ゆきさお》と呼んだ。雪の深浅《しんせん》が租税に関係するため、このような雪竿を立てるのだという（『北越雪譜』「雪竿」）。古代に、雪の深さを測るための雪竿があったかどうかは不明である。

雪中の生活

雪への備えと仕事

古代の雪国の民衆は、雪の中でどのような生活を送っていたのであろうか。残念ながら史料はほとんどなく、わずかに次のような和歌が残されているに過ぎない。

いかにせん冬木もいまだこらなくにふかくも雪のなりまさる哉《かな》

（どうしよう冬木もまだ切っていないのに、雪が深くなってしまったなぁ）

（『夫木和歌抄』七二〇七）

おく山のならひとなればあなしげの雪よりさきに冬木こりつむ

（山奥の習慣として、雪が降る前に盛んに冬木を切り積んでいる）

（『夫木和歌抄』七二〇八）

前者は永万《えいまん》二（一一六六）年の重家家歌合《しげいえけうたあわせ》で詠まれた、平安時代後期の公卿源雅頼《まさより》の歌、後者は永久《えいきゅう》四（一一一六）年の百首歌《ひゃくしゅうた》（百首の和歌を集めたもの）に詠まれた藤原仲実《なかざね》の歌である。どちらの歌からも、冬季の燃料となる薪《まき》の準備が降雪前の重要な作業であったことがうかがえる。

雪の期間の民衆の仕事を詠んだ和歌としては次のようなものがある。

冬さむみ雪も氷も炭窯《すみがま》のけぶりに解くと思はましかば

（冬が寒いので雪も降り凍りもする。しかし、炭窯の煙で溶けると思うことができたなら）

（『四条宮下野集』一四四）

ひかずふる雪げにまさる炭窯のけぶりもさむし大原の里

（幾日も続く雪模様、はげしく立ち上る炭窯の煙が寒々しい大原の里よ）

（『新古今和歌集』巻六―六九〇）

前者は、後冷泉天皇の皇后寛子《かんし》（藤原頼通の娘）に仕えた四条宮下野《しじょうのみやしもつけ》の歌で、頼通の勘気により蟄居《ちっきょ》していた源頼家《よりいえ》（平安時代の歌人）への返歌である。冬の雪や氷が頼通の勘気を暗喩《あんゆ》し、「解く」は雪や氷が解けることと、勘気が解けることを掛けている。後者は後白河法皇の娘式子内親王《しきしないしんのう》の和歌である。歌中の「大原の里」は比叡山の西麓の地で、惟喬《これたか》親王が閑居《かんきょ》し、また、白河上皇が雪見に訪れた小野（一一九ページ）から高野川をさかのぼった小盆地である。どちらの歌からも、炭焼きが雪の降る時期の仕事であることがうかがえる（関和彦「雪の古代史」）。

炭焼き以外の仕事は、管見の限り、古代の史料からは確認できない。『北越雪譜』では、雪国の民衆の冬の仕事として、狩猟（熊・鹿）や漁労（鮭）、麻織物の越後縮《ちぢみ》の製作などを記している（『北越雪譜』「熊捕」「雪中鹿を追ふ」「漁夫の溺死」「越後縮」）。また、前述の重要有形民俗文化財「十日町の積雪期用具」では、わら細工用具や竹細工用具、紙漉《す》き用具など、冬仕事の道具も指定されている（十日町市博物館『雪国十日町の暮らしと民具　重要有形民俗文化財十日町の積雪期用具図録』）。古代の雪国に暮らした民衆も、これらの仕事をしていたと考えられるが、それを証拠づける史料は残されていない。

雪と病気

天平十二（七四〇）年の越前国江沼《えぬま》郡山背《やましろ》郷（現在の石川県加賀市山代温泉のあたり）計帳《けいちょう》（以下、山背郷計帳とする。『大日本古文書』二）は、現存唯一の北陸地方の計帳（徴税台帳）である。計帳は毎年作成され、一人一人の人名の下には、その人の身体的特徴が注記されることもある。

山背郷計帳にみられる身体的特徴として、灸《きゆう》の治療痕跡の注記が多いことが指摘されている（浅香年木「越前国山背郷計帳をめぐる諸問題」）。戸主江沼臣族《えぬまのおみのやから》乎加非《おかひ》の戸では、六十五歳の乎加非が「左手棣二灸」、三十八歳の江沼臣族嶋麻呂《しままろ》が「右手棣灸」、三十七歳の丈部古豆売《はせつかべのこつめ》が「左手棣二灸」、五十八歳の江沼臣族西田女《にしため》が「右手蘇良灸」、四十二歳の江沼臣族寸《すん》が「左足於灸」、四十歳の江沼臣族須居利売《すけりめ》が「左手棣灸」と、六人に灸の治療痕跡の注記がある。戸の総数（四八人）のうちの一二・五％、成年男女に限ると二三・一％、じつに四人に一人弱の割合で灸の治療を受けたことになる。ほかの地域の計帳では、神亀三（七二六）年の山背国愛宕《おたぎ》郡出雲郷（現在の京都市左京区。賀茂川と高野川の合流点北方のあたり）計帳（『大日本古文書』二）に一例確認されるだけなので、山背郷計帳における灸の治療痕跡の高い割合は、地域的な特徴を示していると考えられる。浅香年木氏は、積雪寒冷地帯で生活した人々の間に比較的多く発生したであろう神経痛やリュウマチの治療痕跡ではないかとし、豪雪と戦う古代北陸の民衆の姿を想定している。

雪に閉ざされて

豪雪地帯では現在でも、大雪による交通の途絶で集落が孤立し、陸の孤島のようになってしまうことがある。そのようなことが古代にもあったことは、次の『古本説話集』の説話からうかがえる。

今は昔、丹後の国は北国にて、雪深く、風けわしく侍山寺《はべるやまでら》に、観音験《げん》じ給《たまう》。そこに貧しき修行者籠《こも》りにけり。冬のことにて、高き山なれば、雪いと深し。これにより、おぼろけならずは人通ふべからず。この法師、糧《かて》絶へて日来《ひごろ》経《ふ》るまゝに、食ふべき物なし。雪消えたらばこそ出《い》でて乞食《こじき》をもせめ、人を知りたらばこそ「訪《とぶら》へ」とも言はめ、雪の中なれば、木草の葉だに食ふべき物もなし。五、六日請ひ念《こ》ずれば、十日ばかりになりにければ、力《ちから》もなく、起き上がるべき心地もせず。寺の辰巳《たつみ》の隅《すみ》に破れたる蓑《みの》うち敷きて、木もえ拾はねば、火もえ焚《た》かず、寺は荒れたれば、風もたまらず、雪も障《さわ》らず、いとわりなきに、つくづくと臥《ふ》せり。（後略）

（『古本説話集』下五十三、丹後国成合事）

丹後国の成相寺《なりあいじ》（京都府宮津市）の縁起説話である。山寺にこもった修行者が、積雪のため外部との往来が途絶えて孤立し、食べるものがなくなり飢えに苦しむ状況になった。この後、この修行者は、鹿に現じた仏によって飢えから救われる。この説話と同様の、大雪による交通途絶により食料が欠乏し、それを仏が救済するという話の展開はほかにもみられ、仏教説話における一つのパターンになっている（『法華験記』七十五、九十一など）。前九年合戦や後三年合戦でもそうであったが（一八七ページ）、大雪による交通の途絶は

図22　成相寺（成相寺提供）

食料の欠乏・飢えをまねき、死に直結する大問題であった。大雪がもたらす重大な災害と言えよう。

『北越雪譜』では、吹雪《ふぶき》や雪崩《なだれ》といった、大雪がもたらした災害による悲惨な様子がなまなましく描かれている（『北越雪譜』「雪吹《ふぶき》」「雪頽《なだれ》人に災す」など）。雪国に暮らした古代の民衆も吹雪や雪崩の被害を受けたであろう。しかし、その史料は残されていない。

春を待つ思い――エピローグ

延久元《えんきゆう》（一〇六九）年から四年までの間、越後守に在任した橘為《ため》仲《なか》は、次のような和歌を詠んでいる。

橘為仲の若菜摘み

越後にて、正月七日、雪の降りたるを見て
雪深き越路《こしじ》は春も知らねども今日春日野《かすがの》は若菜摘むらむ

（雪の深い越後ではまだ春の気配も感じられないけれども、今日、春日野では若菜を摘んでいることでしょう）

（『橘為仲朝臣集』乙本一六）

正月七日は若菜摘みをする日で、この日に摘んだ若菜を羹《あつもの》（汁もの）にして食べると邪気を除くとされた。『枕草子』には「七日、雪間《ゆきま》の若菜摘み、青やかにて、例はさしもさるもの、目近からぬ所に、もてさわぎたるこそをかしけれ（七日は雪の消えた所から生えている若菜摘み。青々としていて、普段はそれほどそうしたものを見慣れていない宮中でもてはやしているのもおもしろい）」（第三段）とある。また、春日野（現在の奈良市東南部、春日山麓に展開する野）は若菜摘みの名所として知られ、若菜摘みの歌枕《うたまくら》とされた。若菜は春に芽生えたばかりの食用の野草であり、若菜摘みは春の訪れを感じさせる象徴的な行事といえよう。越後に赴任する十五年ほど前、為仲は次のような都での若菜摘みの和歌を詠んでいる。

正月七日、雪のふりたるに　為仲
春日野に雪間かきわけつねよりも今朝の若菜をいかでつむらむ
（雪の消えた所をかき分けながら、いつもと違う今朝の若菜を、あなたはどのように摘んでいるのでしょう）
（『四条宮下野集』六五）

しかし越後では、正月七日はまだ雪深い時期である。越後での為仲の歌からは、都での若菜摘みを思い出し、遠い越後の地で春の訪れを待ち遠しく思う気持ちがうかがえる。

前述のように、春日野は若菜摘みの名所として知られていたが、古代の越後国府が所在した新潟県上越市の津倉田《つくらだ》遺跡からは「春日」と記された墨書土器《ぼくしょどき》（八世紀前半）が出土している。隣接する同市の岡原《おかはら》遺跡で「春日乙万呂」と書かれた墨書土器（八世紀中頃）が出土しているので、「春日」はウジ名の可能性もあるが、戦国時代の上杉謙信の居城春日山城の名称で著名なように、のちに地名となっている。為仲の時代に地名になっていたかどうかは定かでないが、地名化していたとすると、先の和歌に詠まれた春を待つ為仲の気持ちはより深く理解できるであろう。同じ春日の地名でありながら、大和の春日（野）の正月七日には、春の訪れを感じさせる若菜摘みが行われるのに対して、越後の春日の正月七日は深い雪の中である。春日という地名なのだから、早く春の若菜摘みをしたい。そのような感情が込められているのではなかろうか。

春を待つ雪国の民衆

越後の正月七日は、まだ雪の深い時期であった。それでは、雪国の雪解けはいつ頃だったのであろうか。

天平二十（七四八）年、春の出挙《すいこ》のために越中国新川《にいかわ》郡を訪れた大伴家持《やかもち》は、次のような和歌を詠んだ。古代には春と夏の二回、稲の種もみを利息付きで貸し付ける出挙という制度があった。

新川郡《にいかわのこおり》にして延槻河《はいつきがわ》を渡りし時に作りし歌一首
立山《たちやま》の雪し消らしも延槻の川の渡り瀬鐙《あぶみ》漬《つ》かすも
（立山の雪が解けているらしい。延槻川の川瀬の渡渉地では鐙が水につかった）
（『万葉集』巻十七―四〇二四）

翌年の天平感宝《かんぽう》元（七四九）年五月には雪解けによる射水《いみず》川の増水を（「……南風《みなみ》吹き雪消溢《ゆきげはふ》りて　射水川　流る水沫《みなわ》の　寄るへなみ……」巻十八―四一〇六）、また、翌月の閏五月にも同じく射水川の増水を（「……射水川　雪消溢りて　行く水の　いや増しにのみ……」巻十八―四一一六）詠んでいる。いずれも山間部の雪解けによる川の増水なので、平地の雪解けはそれよりも早い二月から三月頃のことであろう。

雪国に暮らす古代の民衆はどのような気持ちで雪解けの時期を迎えたのであろうか。知りたいところだが、それがうかがえる史料はない。ここでも『北越雪譜』の助けを借りて、思いを巡らせてみることにしよう。

そも〳〵去年冬のはじめより雪のふらざる日も空曇りて快く晴《はれ》たるそらを見るは稀《まれ》にて、雪に家居《いへゐ》を降埋《ふりうづ》められ手もとさへいとくらし。是に生れ是に慣《なれ》て、年々の事なれども雪にこもりをるはおのづから朦然として心たのしからず。しかるに春の半にいたり雪囲《ゆきかこい》を取除《とりのく》れば、日光明々としてはじめて人間世界へいでたるこゝちぞせらる。（中略）童《わらべ》ども、雪のはじめより外遊《そとあそび》する事ならざりしに、夏のはじめにいたりてやう〳〵冬履稿沓《ふゆげたわらぐつ》をすてゝ、草履せつたになり、凧《いかのぼり》などにかけはしるはさもこそとうれしさうなれ。桃桜も此ころをさかりにて雪に世外《せがい》の花を視るなり。

（『北越雪譜』二編「三・四月の雪」）

毎年の大雪に慣れた雪国の人々にとっても、家が雪に埋まり、手元さえ暗い雪ごもりの日々は楽しいものではなかった。だからこそ、家の雪囲いを取り外して、日光が明々《あかあか》と差し込む春は、「はじめて人間世界へいでたる心地」だという。長い雪の季節、外遊びのできなかった子どもが、うれしそうに凧揚げに駆け走るようすからは、春を心待ちにしていた心情が明瞭に読み取れ、微笑ましい。

古代の雪国に暮らした民衆も、長い間待ち望んだ春を迎える思いは同じだったのではないだろうか。

あとがき

「最近は雪が少ない」「昔は今よりもたくさん雪が積もったものだ」

雪国に暮らしている方の中には、このように感じている方が多いのではないだろうか。

実際、一九八五年頃から、日本海側の地域では積雪が減少しているという（川瀬宏明『地球温暖化で雪は減るのか増えるのか問題』）。

私は、新潟県の海沿いの小さな町で生まれ育った。「出身は新潟です」と人に言うと、「冬は雪が大変でしょう」とよく言われる。しかし、同じ新潟県の中でも、豪雪地とされる魚沼や妙高のように雪が多く積もる地域と、沿岸部の新潟市のようにそれほど積もらない地域とがある。私が生まれ育った町は、たまにドカ雪（一晩や一日のような短期間に一気に降る大雪）となることもあるが、概して、雪がそれほど積もらない地域である。それでも、「昔は今よりもたくさん雪が積もったものだ」と感じる。子どもの頃の冬の朝は、積もった雪を道路の両脇にどける除雪車の音で目を覚まし、除雪車によって家の前にできた雪山の雪かきをするのが、私たち兄弟の冬のお手伝いだった。近所の寺の境内で友だちと雪合戦をするのはもちろん、庭に雪だるまやかまくら（雪で作った小さな部屋）を作り、ソリやミニスキー（プラスチック製の小さなスキー）で遊ぶのが冬の楽しみだった。高校時代は電車通学をしていたが、大雪で電車が止まらないかと、心配したり、期待したりした。

昔に比べて雪が少ないのは、やはり地球温暖化の影響であろう。温暖化が進行した将来、日本列島の雪はどのようになってしまうのであろうか。

川瀬宏明氏によると、地球温暖化によって五度程度気温が上がった二十一世紀末には、雪の降りはじめの時期が遅く、降り終わりの時期が早くなり、雪の降る期間が短くなる。その結果、ひと冬に降る雪の総量（総降雪量）はほぼ全国的に減るという。とくに東日本と西日本で減少量が大きく、東日本では現在の三分の二から半分程度、西日本では厳冬期でも数㌢しか降らず、平野部ではまったく雪が降らない年も出てきそうだという。また、気温の上昇によって、太平洋側の東京や横浜などでは雪が降ることはほとんどなくなるという。その一方で、水温が上昇した日本海からは多量の水蒸気が大気に供給され、北陸地方の沿岸部では気温の上昇によって大雨となり、気温が上がっても零度以下にとどまる北海道や北陸地方の山沿いでは、ドカ雪の量が増えると予想されている（川瀬前掲書）。

このような将来における雪の諸状況（雪環境）の変化は、現在と過去との対話とされる歴史学にどのような影響を及ぼすであろうか。プロローグで、現在に生きる人々の雪に対するさまざまな思い（雪の美しさへの感動、心躍るようなうれしさ、雪が及ぼす影響に対するうっとうしさ、重苦しさなど）は、過去に生きた人々にも共通することであっただろうと述べた。また、「雪国の民衆の暮らし」では、江戸時代後期の『北越雪譜』を参考にして、古代の雪国に暮らした人々の雪に対する思いについて考えを巡らせてみた。しかし、そこには、程度の差はあれ、「冬には雪が降り、積もるものだ」という、過去と現在における共通した雪環境という前提があった。地球温暖化は、この前提を大きく揺るがしてしまう可能性がある。つまり、将来に生きる人々は、過去の人々が雪に対して懐いたさまざまな思い、感情に対して、リアリティをもって共感し、受け入れることができなくなる恐れがある。このような事態にならないためにも、進行する地球温暖化への対策が急務であろう。

十年ほど前、東京の大学に勤務するようになり、新潟と東京の間を往復する単身赴任生活が始まった。冬に実感するのは、言うまでもなく、日本海側と太平洋側の気候の大きな違いである。日本海側の鉛色の空と吹雪、太平洋側の青空と乾燥……。このような、気候が大きく異なる地域に対して、古代国家はどのように向き合い、支配したのか。そのようなことを考えているときに、本書執筆のお誘いをいただいた。古代の雪を専門的にあつかった先行研究はきわめて少なく、雪のことが書かれた史料をかたっぱしから探す作業から始めた。生来の怠惰な性格もあり、原稿提出までずいぶんと時間がかかってしまった。吉川弘文館の長谷川裕美氏には、見出しのタイトルや文章表現などで適切なアドバイスをいただいた。お礼申し上げたい。

さいごに、いつも暖かく見守ってくれている家族に感謝したい。

二〇二三年九月

相　澤　央

史料・主要参考文献

史料（史料の引用は次の文献によった。説話や和歌の現代語訳もこれらの文献を参照した。）

『律令』・『法華験記』は日本思想大系（岩波書店）
『菅家文草』・『菅家後集』・『山家集』は日本古典文学大系（岩波書店）
『古今著聞集』は日本古典文学大系（岩波書店）、新潮日本古典集成（新潮社）
『続日本紀』・『万葉集』・『古今和歌集』・『後撰和歌集』・『詞花和歌集』・『新古今和歌集』・『公任集』（『平安私家集』）・『四条宮下野集』（『平安私家集』）・『古事談』・『古本説話集』は新日本古典文学大系（岩波書店）
『日本後紀』・『延喜式』は訳注日本史料（集英社）
『続日本後紀』・『日本三代実録』・『日本紀略』・『類聚国史』・『類聚三代格』・『別聚符宣抄』・『政事要略』・『扶桑略記』・『本朝世紀』・『百練抄』・『栄花物語』・『今鏡』・『公卿補任』は新訂増補国史大系（吉川弘文館）
『貞信公記』・『御堂関白記』・『小右記』・『後二条師通記』・『殿暦』・『愚昧記』は大日本古記録（岩波書店）
『権記』・『左経記』・『春記』・『水左記』・『帥記』・『中右記』・『永昌記』・『長秋記』・『台記』・『兵範記』・『山槐記』・『吉記』は増補史料大成（臨川書店）

『玉葉』・『看聞日記』・『夫木和歌抄』は図書寮叢刊（宮内庁書陵部）
『明月記』は冷泉家時雨亭叢書（朝日新聞社）
『西宮記』・『拾芥抄』は新訂増補故実叢書（明治図書出版）
『侍中群要』は続神道大系（財団法人神道大系編纂会）
『行成大納言年中行事』は西本昌弘編『新撰年中行事』（八木書店）
『禁秘抄』・『九条年中行事』は群書類従（続群書類従完成会）
『続古今和歌集』・『続拾遺和歌集』・『新後拾遺和歌集』・『拾玉集』は和歌文学大系（明治書院）
『紫式部集』は笹川博司『紫式部集全釈』（風間書房）
『惟規集』・『教長集』は新編国歌大観（角川書店）
『橘為仲朝臣集』は石井文夫『橘為仲集全釈』（笠間書院）、好村友江・中嶋眞理子・目加田さくを『橘為仲朝臣集全釈』（風間書房）
『康資王母集』は久保木哲夫・花上和広『康資王母集注釈』（貴重本刊行会）
『散木奇歌集』は関根慶子『散木奇歌集集注篇』（風間書房）
『徒然草』は日本古典文学全集（小学館）
『源氏物語』・『狭衣物語』・『更級日記』・『枕草子』・『伊勢物語』・『十訓抄』・『陸奥話記』は新編日本古典文学全集（小学館）
『河海抄』は源氏物語古注釈大成（日本図書センター）
『奥州後三年記』は野中哲照『後三年記詳注』（汲古書院）

『北越雪譜』は岩波文庫（岩波書店）

主要参考文献

相澤　央「古代日本の雪」（『日本歴史』八四九、二〇一九年）
相澤　央「古記録にみる平安京の雪」（『帝京史学』三七、二〇二二年）
浅香年木『北陸の風土と歴史』（山川出版社、一九七七年）
浅香年木「越前国山背郷計帳をめぐる諸問題」（『古代地域史の研究』法政大学出版局、一九七八年、初出一九七一年）
飯淵康一「平安時代に於ける儀式と雪」（『平安時代貴族住宅の研究』中央公論美術出版、二〇〇四年、初出一九九七年）
今泉隆雄「天平九年の奥羽連絡路開通計画」（『古代国家の東北辺境支配』吉川弘文館、二〇一五年、初出二〇〇二年）
今泉隆雄「秋田城と渤海使」（『古代国家の東北辺境支配』吉川弘文館、二〇一五年）
梅津次郎「小野雪見御幸繪詞」（『美術研究』四六、一九三五年）
朧谷　寿『源氏物語の風景』（吉川弘文館、一九九九年）
勝部正郊『雪の民具』（慶友社、一九九一年）
川尻秋生「山道と海路」（鈴木靖民・吉村武彦・加藤友康編『古代山国の交通と社会』八木書店、二〇一三年）

川瀬宏明『地球温暖化で雪は減るのか増えるのか問題』（ベレ出版、二〇一九年）
木下　良「古代北陸道の交通・雑感」（加能史料編纂委員会編『加賀・能登　歴史の窓』石川史書刊行会、一九九九年）
久保田淳『藤原俊成』（吉川弘文館、二〇二三年）
倉本一宏『藤原道長の日常生活』（講談社現代新書、二〇一三年）
黒崎　直編著『日本の美術三五七　古代の農具』（至文堂、一九九六年）
日本積雪連合編『豪雪譜』（一九七八年）
坂井秀弥「日本海域の気候風土と越後の位置」（『古代地域社会の考古学』同成社、二〇〇八年、初出二〇〇六年）
阪口　豊『尾瀬ヶ原の自然史』（中公新書、一九八九年）
清水好子『紫式部』（岩波新書、一九七三年）
下出積與『白山の歴史』（北國新聞社、一九九九年）
上越市教育委員会『国指定史跡春日山城跡発掘調査概報Ⅷ』（一九八五年）
上越市教育委員会『新潟県上越市上千原地区ほ場整備事業関連発掘調査報告書　津倉田遺跡』（一九九九年）
上越市史編さん委員会編『上越市史　資料編3古代・中世』（上越市、二〇〇二年）
鈴木拓也「光仁・桓武朝の征夷」（同編『東北の古代史4　三十八年戦争と蝦夷政策の転換』吉川弘文館、二〇一六年）

関　和彦「雪の古代史」（吉田晶編『日本古代の国家と村落』塙書房、一九九八年）
関　幸彦『戦争の日本史5　東北の争乱と奥州合戦』（吉川弘文館、二〇〇六年）
田上善夫「一一～一六世紀の日本の気候変動の復元」（『富山大学人間発達科学部紀要』一〇―二、二〇一六年）
土田直鎮「平安時代の政務と儀式」（『奈良平安時代史研究』吉川弘文館、一九九二年、初出一九七四年）
十日町市博物館『雪国十日町の暮らしと民具　重要有形民俗文化財十日町の積雪期用具図録』（一九九二年）
直木孝次郎「橘諸兄と元正太上天皇」（『夜の船出』塙書房、一九八五年、初出一九七八年）
永田英明「城柵の設置と新たな蝦夷支配」（能谷公男編『東北の古代史3　蝦夷と城柵の時代』吉川弘文館、二〇一五年）
中塚　武「先史・古代における気候変動の概観」（中塚武・若林邦彦・樋上昇編『気候変動から読みなおす日本史3　先史・古代の気候と社会変化』臨川書店、二〇二〇年）
中塚　武「中世における気候変動の概観」（伊藤啓介・田村憲美・水野章二編『気候変動から読みなおす日本史4　気候変動と中世社会』臨川書店、二〇〇〇年）
中本　和「初雪見参と大雪見参」（『古代文化』五九七、二〇一四年）
長山泰孝「調庸違反と対国司策」（『律令負担体系の研究』塙書房、一九七六年、初出一九六九年）
新潟県教育委員会・新潟県埋蔵文化財調査事業団『新潟県埋蔵文化財調査報告書九七　大武遺跡Ⅰ（中

世編)』(二〇〇〇年)
橋本義彦『藤原頼長』(吉川弘文館、一九六四年)
樋口知志「後三年合戦から平泉開府へ」(同編『東北の古代史5　前九年・後三年合戦と兵の時代』吉川弘文館、二〇一六年)
福井県立一乗谷朝倉氏遺跡資料館『特別史跡一乗谷朝倉氏遺跡発掘調査報告Ⅸ』(二〇〇七年)
美川　圭『白河法皇』(日本放送出版協会、二〇〇三年)
三宅和朗「雪を感じる」(『日本古代の環境への心性史』吉川弘文館、二〇二一年)
六日町教育委員会『坂戸城埋田堀確認調査』(一九九一年)
村井康彦『藤原定家『明月記』の世界』(岩波新書、二〇二〇年)
目崎徳衛「王朝の雪」(山中裕編『平安時代の歴史と文学　歴史編』吉川弘文館、一九八一年)
森田　悌「蔵人式について」(『日本古代官司制度史研究序説』現代創造社、一九六七年)
八木光則「城柵構造からみた秋田城の特質」(小口雅史編『北方世界と秋田城』六一書房、二〇一六年)
山中　裕『平安朝の年中行事』(塙書房、一九七二年)
山中　裕「「初雪見参」について」(『日本歴史』六三一、二〇〇一年)
山本武夫「古い温度計の話」(『気候の語る日本の歴史』そしえて、一九七六年)
山本武夫「歴史時代の気候の模索」(『気候の語る日本の歴史』そしえて、一九七六年)
渡辺　融・桑山浩然『蹴鞠の研究』(東京大学出版会、一九九四年)
渡辺直彦「蔵人式と蔵人方行事」(『日本古代官位制度の基礎的研究　増訂版』吉川弘文館、一九七八年)

著者紹介

一九七二年、新潟県に生まれる
二〇〇〇年、新潟大学大学院現代社会文化研究科博士課程修了
現在、帝京大学文学部教授

〔主要著書・論文〕

『越後と佐渡の古代社会』（高志書院、二〇一六年）

「地域における調庸物の収取と運送―越後国の鮭を例に―」（『帝京史学』三三、二〇一八年）

歴史文化ライブラリー
585

雪と暮らす古代の人々

二〇二四年（令和六）二月一日 第一刷発行

著　者　相《あい》澤《ざわ》央《おう》

発行者　吉川道郎

発行所　株式会社 吉川弘文館
東京都文京区本郷七丁目二番八号
郵便番号一一三―〇〇三三
電話〇三―三八一三―九一五一〈代表〉
振替口座〇〇一〇〇―五―二四四
https://www.yoshikawa-k.co.jp/

印刷＝株式会社 平文社
製本＝ナショナル製本協同組合
装幀＝清水良洋・宮崎萌美

ISBN978-4-642-05985-5

歴史文化ライブラリー

1996.10

刊行のことば

現今の日本および国際社会は、さまざまな面で大変動の時代を迎えておりますが、近づきつつある二十一世紀は人類史の到達点として、物質的な繁栄のみならず文化や自然・社会環境を謳歌できる平和な社会でなければなりません。しかしながら高度成長・技術革新にともなう急激な変貌は「自己本位な刹那主義」の風潮を生みだし、先人が築いてきた歴史や文化に学ぶ余裕もなく、いまだ明るい人類の将来が展望できていないようにも見えます。

このような状況を踏まえ、よりよい二十一世紀社会を築くために、人類誕生から現在に至る「人類の遺産・教訓」としてのあらゆる分野の歴史と文化を「歴史文化ライブラリー」として刊行することといたしました。

小社は、安政四年(一八五七)の創業以来、一貫して歴史学を中心とした専門出版社として書籍を刊行しつづけてまいりました。その経験を生かし、学問成果にもとづいた本叢書を刊行し社会的要請に応えて行きたいと考えております。

現代は、マスメディアが発達した高度情報化社会といわれますが、私どもはあくまでも活字を主体とした出版こそ、ものの本質を考える基礎と信じ、本叢書をとおして社会に訴えてまいりたいと思います。これから生まれでる一冊一冊が、それぞれの読者を知的冒険の旅へと誘い、希望に満ちた人類の未来を構築する糧となれば幸いです。

吉川弘文館

歴史文化ライブラリー

古代史

邪馬台国の滅亡 大和王権の征服戦争——若井敏明
日本語の誕生 古代の文字と表記——沖森卓也
日本国号の歴史——小林敏男
日本神話を語ろう イザナキ・イザナミの物語——中村修也
六国史以前 日本書紀への道のり——関根 淳
東アジアの日本書紀 歴史書の誕生——遠藤慶太
〈聖徳太子〉の誕生——大山誠一
倭国と渡来人 交錯する「内」と「外」——田中史生
大和の豪族と渡来人 葛城・蘇我氏と大伴・物部氏——加藤謙吉
物部氏 古代氏族の起源と盛衰——篠川 賢
東アジアからみた「大化改新」——仁藤敦史
白村江の真実 新羅王・金春秋の策略——中村修也
よみがえる古代山城 国際戦争と防衛ライン——向井一雄
よみがえる古代の港 古地形を復元する——石村 智
古代氏族の系図を読み解く——鈴木正信
古代豪族と武士の誕生——森 公章
飛鳥の宮と藤原京 よみがえる古代王宮——林部 均
出雲国誕生——大橋泰夫
古代出雲——前田晴人
古代の皇位継承 天武系皇統は実在したか——遠山美都男
壬申の乱を読み解く——早川万年
戸籍が語る古代の家族——今津勝紀
古代の人・ひと・ヒト 名前と身体から歴史を探る——三宅和朗
疫病の古代史 天災、人災、そして——本庄総子
万葉集と古代史——直木孝次郎
郡司と天皇 地方豪族と古代国家——磐下 徹
地方官人たちの古代史 律令国家を支えた人びと——中村順昭
古代の都はどうつくられたか 中国・日本・朝鮮・渤海——吉田 歓
平城京に暮らす 天平びとの泣き笑い——馬場 基
平城京の住宅事情 貴族はどこに住んだのか——近江俊秀
すべての道は平城京へ 古代国家の〈支配の道〉——市 大樹
都はなぜ移るのか 遷都の古代史——仁藤敦史
古代の都と神々 怪異を吸いとる神社——榎村寛之
聖武天皇が造った都 難波宮・恭仁宮・紫香楽宮——小笠原好彦
天皇側近たちの奈良時代——十川陽一
藤原仲麻呂と道鏡 ゆらぐ奈良朝の政治体制——鷺森浩幸
古代の女性官僚 女官の出世・結婚・引退——伊集院葉子
〈謀反〉の古代史 平安朝の政治改革——春名宏昭
皇位継承と藤原氏 摂政・関白はなぜ必要だったのか——神谷正昌